Verlag für Systemische Forschung
im Carl-Auer Verlag

Philip Häublein

Hypnosystemische Konzepte zum Umgang mit Prüfungsangst bei Studierenden

2018

Der Verlag für Systemische Forschung im Internet:
www.systemische-forschung.de

Carl-Auer im Internet: www.carl-auer.de
Bitte fordern Sie unser Gesamtverzeichnis an:

Carl-Auer Verlag
Vangerowstr. 14
69115 Heidelberg

Über alle Rechte der deutschen Ausgabe verfügt
der Verlag für Systemische Forschung
im Carl-Auer-Systeme Verlag, Heidelberg
Fotomechanische Wiedergabe nur mit Genehmigung des Verlages
Reihengestaltung nach Entwürfen von Uwe Göbel
Printed in Germany 2018

Erste Auflage, 2018
ISBN 978-3-8497-9016-5
© 2018 Carl-Auer-Systeme, Heidelberg

Bibliografische Information der Deutschen Nationalbibliothek:
Die Deutsche Nationalbibliothek verzeichnet diese Publikation
in der Deutschen Nationalbibliografie; detaillierte bibliografische
Daten sind im Internet über http://dnb.ddb.de abrufbar.

Diese Publikation basiert auf der Masterthesis „Prüfungsangst bei Studierenden –
Hypnosystemische Konzepte zum Umgang mit Prüfungsangst" zur Erlangung des
akademischen Grades Master of Arts (M.A.) im Masterstudiengang „Leitung – Bildung
– Diversität" mit Schwerpunkt „Kindheitspädagogik" an der Evangelischen Hochschule
Berlin, 2017.

Die Verantwortung für Inhalt und Orthografie liegt beim Autor.
Alle Rechte, insbesondere das Recht zur Vervielfältigung und Verbreitung sowie der
Übersetzung vorbehalten. Kein Teil des Werkes darf in irgendeiner Form (durch Foto-
kopie, Mikrofilme oder ein anderes Verfahren) ohne schriftliche Genehmigung des
Verlags reproduziert oder unter Verwendung elektronischer Systeme verarbeitet werden.

*Ich widme diese Arbeit meinen Eltern
und allen anderen WegbegleiterInnen,
die mich unterstützt und mir Mut zugesprochen haben,
meinen eigenen Weg zu gehen.*

Inhalt

1 EINLEITUNG..........11
2 PRÜFUNGSANGST BEI STUDIERENDEN..........13
  2.1 Begriffsbestimmungen..........13
    2.1.1 Definition Prüfungsangst..........13
    2.1.2 Eingrenzung auf Studierende..........15
    2.1.3 Begriffsbestimmung von Therapie, Beratung und Coaching..........15
  2.2 Symptomatik der Prüfungsangst..........16
    2.2.1 Ebenen der Prüfungsangst..........17
    2.2.2 Sieben-Komponenten-Modell des Verhaltens nach Kossak..........18
  2.3 Klassifikation von Prüfungsangst..........23
  2.4 Funktionsmodelle der Prüfungsangst..........25
    2.4.1 Selbstregulationsmodell..........25
    2.4.2 Selbstwertmodell..........26
    2.4.3 Transaktionale Modelle..........27
  2.5 Angst aus Neurobiologischer Sichtweise..........29
  2.6 Studienlage zur Prüfungsangst bei Studierenden..........30
  2.7 Beratungs- bzw. Interventionsbedarf für Studierende mit Prüfungsangst..........32

3 THERAPIEKONZEPT AN EINER BERATUNGSSTELLE DES BERLINER STUDIERENDENWERKS ZUM UMGANG MIT PRÜFUNGSANGST..........35
  3.1 Datenerhebung mittels Experteninterview und E-Mail-Kontakt..........35
  3.2 Interviewleitfaden..........36
  3.3 Ergebnisse / Vorstellung des therapeutischen Konzepts..........36
    3.3.1 Teilnahmebedingungen, Setting und zeitlicher Umfang..........36
    3.3.2 Anamnese..........37
    3.3.3 Verhaltenstherapeutische Psychoedukation, Entspannungsverfahren und Selbsterfahrung mittels kognitiver Umstrukturierung..........37

3.3.4 Rollenwechsel-Übungen aus dem Psychodrama..........38
3.3.5 Aspekte aus der Neuropsychotherapie und dem Mentaltraining..........40
3.3.6 Hypnotherapeutische Aspekte im therapeutischen Konzept..........41
3.3.7 Visualisierung der Prüfungssituation mit kleinen Entspannungsgedanken..........41

4 VORSTELLUNG DES HYPNOSYSTEMISCHEN ANSATZES..........43

4.1 Einführender Überblick zum hypnosystemischen Ansatz.....43
4.2 Trance-Begriff und Hypnose..........44
4.3 Problem- und Lösungstrance..........46
4.4 Reframing..........48
4.5 Utilisationsprinzip..........50
4.6 Mutiplizitätskonzept „Seiten"-Modell..........51
4.7 Konstruktivismus und Erlebenserzeugung..........53
4.8 Autopoiese..........56
4.9 Potenzialhypothese und Aufmerksamkeitsfokussierung......57
4.10 Der Körper als „kluge" Ressource..........59
4.11 Forschung zum hypnosystemischen Ansatz..........60

5 HYPNOSYSTEMISCHE KONZEPTE ZUM UMGANG MIT PRÜFUNGSANGST..........63

5.1 Studienlage und Literatur zu hypnosystemischen Konzepten zum Umgang mit Prüfungsangst..........63
5.2 Experteninterview mit Dr. Gunther Schmidt..........65
   5.2.1 Zugang zum Feld..........65
   5.2.2 Interviewleitfaden..........66
5.3 Interviewauswertung und Darstellung der Inhalte bzgl. der Fragestellungen..........66
   5.3.1 Hypnosystemische Einordnung des Phänomens Prüfungsangst..........66
   5.3.2 Mögliche Interventionen..........67
   5.3.3 Prüfungsangst-Ebenen und Parallelen zum Psychodrama und anderen Therapie-Schulen..........75

   5.3.4 Transparenz und Kooperation auf Augenhöhe......................76
   5.3.5 Rahmenbedingungen, Dauer und Setting............................77
   5.3.6 Integration von Aspekten aus der Energie-Psychologie......78

6 DISKUSSION DER ERGEBNISSE..**79**
   6.1 PARALLELEN ZWISCHEN DEM HYPNOSYSTEMISCHEN
      INTERVENTIONSKONZEPT ZUM UMGANG MIT PRÜFUNGSANGST
      UND DEM THERAPIEKONZEPT VON ROMINGER AN DER
      BERATUNGSSTELLE DES BERLINER STUDIERENDENWERKS....................79
   6.2 KRITIK AM VORGESTELLTEN HYPNOSYSTEMISCHEN
      INTERVENTIONSKONZEPT UND AM HYPNOSYSTEMISCHEN ANSATZ.....81
   6.3 REFLEXION DES METHODISCHEN VORGEHENS......................................84

7 AUSBLICK..**87**

QUELLEN- UND LITERATURVERZEICHNIS............................**89**

**ANHANG / TRANSKRIPT DES EXPERTENINTERVIEWS
MIT DR. GUNTHER SCHMIDT** **97**

1 Einleitung

Inspiriert durch meine Praktikantentätigkeit und Teilnahme an der Hypnotherapie-Ausbildung am Milton-Erickson-Institut Berlin bei Dr. Wolfgang Lenk u. a. wurde ich auf ressourcenorientierte hypnotherapeutische und systemische Konzepte aufmerksam, die mich nachhaltig beeinflussten. Im Rahmen einer Hospitation am sysTelios Gesundheitszentrum Siedelsbrunn im September 2016 konnte ich zudem sehr inspirierende praktische Einblicke in die Konzepte und die „Kultur" des gelebten hypnosystemischen Ansatzes erlangen, die mich dazu bewegten meine Masterarbeit diesem, den Fokus auf Kompetenzen und Klienten-Autonomie legenden, Konzept zu widmen.[1]

Da ich im Rahmen meines Studiums in meinem Umfeld öfter mit dem Phänomen der *Prüfungsangst* konfrontiert war, wurde in mir der Wunsch laut dieses Phänomen aus therapeutischer und im speziellen aus hypnosystemischer Perspektive zu betrachten bzw. hypnosystemische Konzepte zum Umgang mit Prüfungsangst vorzustellen, da mir hierzu keine explizite Literatur bekannt war.[2] Somit kristallisierte sich die Forschungsfrage heraus, welche Interventionen der hypnosystemische Ansatz für den Umgang mit Prüfungsangst bei Studierenden vorschlägt.

Um sich dem Thema zu nähern, wird zunächst im zweiten Abschnitt der Arbeit das Phänomen der *Prüfungsangst bei Studierenden* genauer eingegrenzt bzw. definiert, die Symptomatik vorgestellt, Funktionsmodelle der Prüfungsangst referiert und die diagnostische Klassifikation der Prüfungsangst erläutert. Außerdem wird die Relevanz der Thematik anhand von aktuellen Studien dargelegt, die belegen, dass ein hoher Coaching- bzw. therapeutischer Interventionsbedarf für Studierende mit Prüfungsangst besteht.[3]

Im dritten Abschnitt der Arbeit wird, um einen Einblick in die praktische therapeutische Arbeit mit dem Phänomen der *Prüfungsangst bei Studierenden* zu ermöglichen, das individuelle therapeutische Konzept der Psychotherapeutin Birgit Rominger vom Studierendenwerk Berlin vorgestellt, die Prüfungsangst-Coachings für Studierende durchführt.

---

[1] Siehe hierzu Abschnitt 4 und 5
[2] Hierzu liegt nach wie vor keine explizite Literatur vor. / Vgl. Abschnitt 4.11 und 5.1
[3] Siehe hierzu Abschnitt 2.6 und 2.7

Hierzu wird ein Experteninterview, welches mit Frau Rominger durchgeführt wurde, ausgewertet und die Inhalte strukturiert dargestellt. Da mir während der Erhebung und Analyse dieses individuellen therapeutischen Konzepts viele Parallelen zur hypnosystemischen Konzeption bewusst wurden, kristallisierte sich als zweite Fragestellung bzw. Erkenntnisinteresse heraus, diese Analogien bzw. Parallelen herauszuarbeiten.

Im vierten Abschnitt wird der hypnosystemische Ansatz und dessen wichtigste Begriffe bzw. Grundhaltungen vorgestellt und auf die bestehende Forschung zu diesem Ansatz verwiesen, die das Fundament für den fünften Abschnitt der Arbeit legen, in dem hypnosystemische Konzepte zum Umgang mit Prüfungsangst vorgestellt werden. Hierzu wird aufgrund des bestehenden Literaturmangels zum Thema der *hypnosystemischen Interventionen im Kontext von Prüfungsangst* ein hierfür durchgeführtes Experteninterview mit Herrn Dr. Gunther Schmidt ausgewertet und die Ergebnisse strukturiert dargelegt.

Im sechsten Abschnitt werden die Ergebnisse vor dem Hintergrund vorgestellter Theorien diskutiert. Hierbei werden unter anderem die Parallelen der beiden vorgestellten therapeutischen Konzepte analysiert und der hypnosystemische Ansatz und dessen vorgeschlagene Interventionen kritisch reflektiert. Abschließend wird die gewählte Forschungsmethodik kritisch diskutiert und ein Fazit bezüglich der vorgestellten therapeutischen Konzepte gezogen.

2 Prüfungsangst bei Studierenden

2.1 BEGRIFFSBESTIMMUNGEN

2.1.1 Definition Prüfungsangst

Um eine fundierte Auseinandersetzung mit der Thematik der *Prüfungsangst bei Studierenden* zu ermöglichen, soll zunächst der Begriff *Prüfungsangst* genauer definiert werden. Hierbei ist zu erwähnen, dass sich sehr viele ForscherInnen bereits mit der Definition von Prüfungsangst beschäftigt haben[4] und deshalb im Rahmen dieser Arbeit nur einige wenige Definitionen die für diese Arbeit relevant erscheinen aufgeführt werden. Fehm und Fydrich, die intensiv zum Thema Prüfungsangst geforscht haben, schlagen folgende Definition vor:

> „In Anlehnung an die Definition von Salmon (1990) für Bühnenangst bei Musikern verstehen wir Prüfungsangst als 'anhaltende und deutlich spürbare Angst in Prüfungssituationen und/oder während der Zeit der Prüfungsvorbereitung, die den Bedingungen der Prüfungsvorbereitung und der Prüfung selbst nicht angemessen ist. Die Angst äußert sich auf den Ebenen Verhalten, Emotion, Kognition und Physiologie. Klinisch relevante Prüfungsängste liegen vor, wenn die Ängste das alltägliche Leben und/oder den Ausbildungsverlauf bzw. das berufliche Weiterkommen deutlich beeinträchtigen'."[5]

Helmke hingegen legt in seiner recht allgemein gehaltenen Definition den Fokus auf das Bedrohungserleben von Personen mit Prüfungsangst:

> „Prüfungsangst soll [...] verstanden werden als die überdauernde Bereitschaft, Leistungs- und Bewertungssituationen in der Schule als persönliche Bedrohung zu bewerten und mit einem Muster physiolo-

---

[4] Vgl. Fehm, L.; Fydrich, T. (2011): Prüfungsangst. Göttingen: Hogrefe Verlag, S. 6; Küpfer, K. (1997): Prüfungsängstlichkeit bei Studenten: differentielle Diagnostik und differentielle Intervention. Dissertation. In: Europäische Hochschulschriften, Reihe 6, Band 553. Frankfurt am Main: Peter Lang - Europäischer Verlag der Wissenschaften. S. 17–18;
Wisniewski, B. (2012): Reduktion von Prüfungsangst. Training metakognitiver Kontrolle als Intervetionsstrategie. Dissertation. Hamburg: Verlag Dr. Kovac, S. 6
[5] Fehm; Fydrich (2011) S. 7

gisch-biochemischer, verhaltensmäßig-motorischer sowie subjektiv-kognitiver Komponenten zu reagieren."[6]

Die hier gemachte Einschränkung auf den Bereich *Schule* kann mutmaßlich im Sinne des Urhebers der Definition auf den *Studiumsbereich* erweitert werden.

Küpfer stellt im Rahmen seiner Dissertation die Notwendigkeit einer Unterscheidung zwischen dem Terminus *Prüfungsangst* und *Prüfungsängstlichkeit* heraus.

„Prüfungsängstlichkeit ist eine bereichsspezifische Disposition. Es handelt sich um eine zeitstabile, über verschiedene Prüfungssituationen hinweg konsistente Persönlichkeitseigenschaft (trait). Von der Prüfungsängstlichkeit ist die Prüfungsangst als vorübergehender Zustand (state) abzugrenzen. Diese Unterscheidung von 'state anxiety' und 'trait anxiety' geht auf Spielberger (1972, 1985) zurück."[7]

Hierbei zeigt sich, dass die Definition von Fehm und Fydrich und auch die Begriffsbestimmung von Helmke dieser Annahme nicht folgen und unter dem Terminus *Prüfungsangst* sowohl den „vorübergehende[...][n] Zustand"[8] der Prüfungsangst als auch die dauerhafte „bereichsspezifische Disposition"[9] zur *Prüfungsängstlichkeit* subsumieren.

Dieser Sichtweise wird auch in vorliegender Arbeit folge geleistet, da eine diesbezügliche Unterteilung nicht für den Forschungsgegenstand dieser Arbeit relevant erscheint.

Wisniewski teilt diese Position ebenfalls und weißt auf den weit verbreiteten Terminus der *test anxiety* hin, welcher maßgeblich in der englischsprachigen Forschungsliteratur Verwendung findet.[10] Wisniewski verwendet den Terminus *Prüfungsangst* „um die Zustands- und Eigenschaftsangst zu beschreiben, die sich als Zustandskomponente, ausgelöst durch selbstwertbedrohliche Leistungssituationen, in Form von Besorgniskognitionen, dem Gefühl der Aufgeregtheit sowie den damit verbundenen physiologischen Reaktionen äußert und als Eigenschaftskomponente die Disposition beschreibt, diese Reaktionen in Leistungssituationen zu zeigen."[11]

---

[6] Helmke, A. (1983): Prüfungsangst. Ein Überblick über neuere theoretische Entwicklungen und empirische Ergebnisse. In: Psychologische Rundschau, Band XXXIV, Heft 4, S. 193
[7] Küpfer (1997) S. 17
[8] Küpfer (1997) S. 17
[9] Küpfer (1997) S. 17
[10] Vgl. Wisniewski (2012) S. 8
[11] Wisniewski (2012) S. 8

Diese Definition des Begriffs *Prüfungsangst* von Wisniewski, wird in Anlehnung an die anderen vorgestellten Definitionen, die jeweils berechtigte unterschiedliche Foki setzen um den komplexen Begriff der *Prüfungsangst* zu beschreiben zunächst in vorliegender Arbeit verwendet. Im weiteren Verlauf der Arbeit wird dann auf die Prüfungsangst-Definition aus hypnosystemischer Sichtweise zurückgegriffen.[12]

2.1.2 Eingrenzung auf Studierende

In vorliegender Arbeit sollen unter dem Terminus *Studierende* alle Personen verstanden werden, die sich in einem Hochschul- oder Universitätsstudium befinden und dementsprechend einen akademischen Abschluss anstreben. Die Bewertungssituationen im Rahmen des Studiums, in denen sich die Prüfungsangst u. a. zeigt, sollen im Fokus dieser Arbeit stehen.

2.1.3 Begriffsbestimmung von Therapie, Beratung und Coaching

In vorliegender Arbeit, werden die Begriffe *Therapie*, *Beratung* und *Coaching* (als eine Unterform von Beratung) synonym verwendet, wenngleich dies zum Teil in einschlägiger Fachliteratur zum Thema berechtigterweise sehr kritisiert wird.[13]

Diese synonyme Verwendung findet in vorliegender Arbeit Anwendung, da die vorgestellten therapeutischen Konzepte sowohl im Kontext von *Psychotherapie*, also der Behandlung von diagnostizierten psychischen Störungen, als auch im Beratungssektor bzw. Coachingbereich Anwendung finden können, in denen keine explizit diagnostizierten psychischen Störungen mit Krankheitswert behandelt werden[14], sondern exemplarisch vielleicht lediglich der bessere Umgang mit einem als unangenehm empfundenen „Stress- oder Angsterleben" ohne Krankheitswert im Kontext von Prüfungssituationen thematisiert und erarbeitet wird.

Die Festlegung bzw. Definition, ab wann eine Prüfungsangst-Erleben als „pathologisch" definiert werden muss, soll nicht im Fokus vorliegender Arbeit liegen. Wie im weiteren Verlauf der Arbeit noch herausgestellt wird, haben die unterschiedlichen Begrifflichkeiten

---

[12] Sie hierzu Abschnitt 5.3.1
[13] Vgl. exemplarisch: Migge, B. (2014): Handbuch Coaching und Beratung. (3., überarbeitete und stark erweiterte Auflage) Weinheim: Beltz Verlag, S. 33; Richter, K. F. (2009): Coaching als kreativer Prozess. Werkbuch für Coaching und Supervision mit Gestalt und System. Göttingen: Vandenhoeck & Ruprecht, S. 29–30
[14] Vgl. Migge (2014) S. 30–37

Therapie, Beratung und *Coaching* im Sinne des Konstruktivismus eine realitätskonstruierende Wirkung, die sich bei Verwendung des Begriffs *(Psycho-)Therapie* auch negativ auf die Kooperationsbeziehung zwischen KlientIn und TherapeutIn/BeraterIn auswirken kann, weshalb bei Berücksichtigung der jeweiligen Kontextfaktoren die Verwendung des weniger pathologisierenden Begriffs *Coaching* unter Umständen sinnvoll erscheint.[15]

Die synonyme Verwendung der Begrifflichkeiten soll nicht dahingehend missverstanden werden, zu billigen, dass unzureichend qualifizierte Personen ohne ausreichende therapeutische Ausbildung und Expertise die therapeutische Arbeit bzw. das Coaching im Kontext von *Prüfungsangst bei Studierenden* übernehmen dürfen.

Nachdem somit die wichtigsten grundlegenden Begriffsbestimmungen getätigt wurden, wird im nächsten Abschnitt der Fokus auf die Symptomatik der Prüfungsangst gelegt und diese eingehender beleuchtet.

2.2 Symptomatik der Prüfungsangst

In folgendem Abschnitt wird die Symptomatik von Prüfungsangst dargelegt und Modelle der Zuordnung von Prüfungsangst-Symptomen vorgestellt (und diskutiert). Einführend soll erwähnt sein, dass sich Prüfungsangst auf sehr unterschiedliche und individuelle Art und Weise zeigen kann. Fehm und Fydrich beschreiben diesen Sachverhalt wie folgt:

> „Symptome der Prüfungsangst treten auf verschiedenen Ebenen des Erlebens und Verhaltens auf. Dabei kann - wie bei anderen Ängsten auch - sowohl interindividuell als auch intraindividuell von sehr unterschiedlichen Formen, Ausprägungsgraden sowie Kombinationen der Symptomatik ausgegangen werden. Jede Person erlebt Prüfungsängste anders; aber auch innerhalb einer Person können sich das Erleben und die Erfahrung von Prüfungsängsten je nach Prüfungssituation oder Prüfungsart, der Bedeutung der Prüfung, in Abhängigkeit von der Phase der Prüfungsvorbereitung oder auch mit den Erfahrungen über längere Zeit verändern und damit Intensität und Erscheinungsform der Prüfungsangst variieren."[16]

---

[15] Vgl. Schmidt, G. (2013): Liebesaffären zwischen Problem und Lösung. Hypnosystemisches Arbeiten in schwierigen Kontexten. (5., unveränderte Auflage) Heidelberg: Carl-Auer-Systeme Verlag, 32–34
[16] Fehm; Fydrich (2011) S. 7

Wie aus dem Zitat hervorgeht, ist das „Prüfungsangst-Erleben" veränderlich und somit nicht genau festzulegen auf bestimmte fixe Symptome.

Allgemein haben Prüfungsangst-Symptome nach Fehm und Fydrich oft den „Charakter allgemeiner Stresssymptome"[17], die „mit dauerhaft erhöhter mentaler und meist auch körperlicher Anspannung einher[gehen]"[18]. Diese können sich konkret zeigen durch „Konzentrationsschwierigkeiten, Probleme mit der beruflichen Arbeit oder dem Studium, Probleme mit der Prüfungsvorbereitung sowie mit der Organisation anderer Alltagsaufgaben, aber auch emotionale Reaktionen wie Gereiztheit, Niedergeschlagenheit und Antriebslosigkeit, erhöhte Schreckhaftigkeit, Schlafstörungen und zusätzliche somatische Probleme."[19]

2.2.1 Ebenen der Prüfungsangst

Fehm und Fydrich schlagen vor, die verschiedenen Prüfungsangst-Symptome in vier Ebenen, bestehend aus *Emotion, Kognition, Physiologie* und *Verhalten*, zu untergliedern, wenngleich sie eine „hohe Interdependenz und damit mitunter eine große Überlappung bei der Zuordnung von Symptomen"[20] konstatieren.

Der Psychotherapeut Kossak, welcher einen verhaltenstherapeutischen, gesprächspsychotherapeutischen und hypnotherapeutischen Hintergrund hat und mehrere Publikationen zum Umgang mit Prüfungsangst veröffentlicht hat, schlägt hingegen ein *Sieben-Komponenten-Modell des Verhaltens* vor um die Prüfungsangst-Symptomatik und menschliches Verhalten im Allgemeinen zu beschreiben. Dieses Modell sieht die Komponenten *Kognition, Emotion, Imagination, Physiologie, Motorik, Attribution* und *Motivation* vor.[21]

Hierbei fällt auf, dass beide Modelle die Ebenen *Emotion, Kognition* und *Physiologie* enthalten. Bei Kossaks Sieben-Komponenten-Modell des Verhaltens sind lediglich noch zusätzliche feiner ausdifferenzierte Ebenen (*Imagination, Motorik* und *Motivation*) vorgesehen,

---

[17] Fehm; Fydrich (2011) S. 7
[18] Fehm; Fydrich (2011) S. 7
[19] Fehm; Fydrich (2011) S. 7
[20] Fehm; Fydrich (2011) S. 7
[21] Vgl. Kossak, H.-C. (2015): Prüfungsangst – Beraten aus sieben Perspektiven. (1. Auflage) Heidelberg: Carl Auer Verlag, S. 25–27;
Kossak, H.-C. (2016): Lernen leicht gemacht. Gut vorbereitet und ohne Prüfungsangst zum Erfolg. (3., aktualisierte Auflage) Heidelberg: Carl-Auer Verlag, S. 50 ff.

während beim 4-Ebenen-Modell nach Fehm und Fydrich noch zusätzlich die *Verhaltensebene* vorgesehen ist.

Im folgenden wird das *Sieben-Komponenten-Modell des Verhaltens* nach Kossak vorgestellt, da dieses für vorliegende Arbeit als besonders hilfreich und relevant erscheint und wie bereits dargelegt große Überschneidungen mit dem Modell von Fehm und Fydrich aufweist und somit kein Widerspruch zu deren Modell entsteht.

2.2.2 Sieben-Komponenten-Modell des Verhaltens nach Kossak

Bevor die einzelnen Ebenen dargestellt werden ist eingangs zu betonen, dass Kossak von einer „umfassende[n] Einheit aus Leib und Seele, die als Ganzheit tätig ist [ausgeht]."[22] Er postuliert weiterhin: „Nur als diese Ganzheit können wir unter Einbeziehung all unserer Teilfunktionen sinnvolle Handlungen oder Denkleistungen vollziehen"[23] und verweist auf die neuesten Erkenntnisse der Embodimentforschung, die diese These untermauern und die starke Wechselwirkung zwischen Körper und Psyche betonen.[24]

Er führt fort, dass das Denken stark beinflusst ist vom „Austausch mit der physischen und der sozialen Umwelt, der Wahrnehmung und Vorstellung etc."[25] und mit den folgend dargestellten Ebenen, die wechselseitig in Bezug stehen beschrieben werden kann:

> „Die gesamte Forschung und natürlich unsere Alltagserfahrung zeigen auf, dass alle diese genannten Faktoren [Anm: Ebenen des Modells] sich in dem Gesamtsystem der Leib-Seele-Einheit gegenseitig beeinflussen. Der Anstoß an einem Teil des Systems bewirkt eine Veränderung der Gesamtheit. Für optimales und effektives geistiges Arbeiten muss somit eine Ausgewogenheit unseres gesamten Leib-Seele-Systems erreicht werden."[26]

---

[22] Kossak (2016) S. 50
[23] Kossak (2016) S. 50
[24] Siehe hierzu exemplarisch: Hüther, G. (2006): Wie Embodiment neurobiologisch erklärt werden kann. In: Storch, M.; Cantieni, B.; Hüther, G.; Tschacher, W. (2006): Embodiment. Die Wechselwirkung von Körper und Psyche verstehen und nutzen. (1. Auflage) Bern: Verlag Hans Huber, S. 35–72;
Storch, M. (2006): Wie Embodiment in der Psychologie erforscht wurde. In: Storch, M.; Cantieni, B.; Hüther, G.; Tschacher, W. (2006): Embodiment. Die Wechselwirkung von Körper und Psyche verstehen und nutzen. (1. Auflage) Bern: Verlag Hans Huber, S. 73–98.
[25] Kossak (2016) S. 50
[26] Kossak (2016) S. 53

Dem Zitat folgend spielt die systemische Perspektive und somit der Aspekt der Zirkularität eine übergeordnete Rolle bei diesem Modell.

Physiologie (innere Körpervorgänge)[27]
Die erste Komponente des Modells ist die *Physiologie*. Kossak versteht unter dem Terminus *Physiologie* die „zahlreiche[n] in sich weitgehend abgeschlossene[n] Funktionssysteme (z. B. Herz, Kreislauf, Atmung, Zentralnervensystem), die miteinander vernetzt sind"[28] und weitgehend unwillkürlich gesteuert sind.[29]

Kossak nennt auf dieser Ebene als häufigste Symptome der Prüfungsangst „[v]egetative Reaktionen[...][wie z. B.] Herzklopfen, Schweißausbruch, Erröten, Erbleichen, Zittern, Hitzewallungen, erhöhte Magen-Darm-Motilität (Durchfall, 'Schiss haben'), Harndrang, Mundtrockenheit"[30]. Ergänzend nennt er Symptome wie Unwohlsein, Muskelverspannungen, Kopfschmerzen und Konzentrationsstörungen.[31]

Emotionen
Als zweite Komponente fungiert die *Emotion*. Emotionen stehen nach Kossak in enger Beziehung zu kognitiven Prozessen. Deshalb können sich „[s]tarke Gefühle (wie Trauer, Freude, Angst, Wut, Ärger) [...] auf die geistige Arbeit und ihre Qualität auswirken. Bereits kleinere 'negative' Gefühle wirken sich lernhemmend aus."[32]

Kossak nennt auf dieser Ebene als häufigste Symptome der Prüfungsangst „besorgte Stimmung, Angst, Sorge vor drohenden Misserfolgen und ihren möglichen Konsequenzen, z. B. Blamage"[33]. Des Weiteren führt er „diverse Komponenten und Folgen, wie z. B. Scham, Ärger[,][...]Verzweiflung, Hoffnungslosigkeit, Depression[,] [...] Enttäuschung, innere Unruhe oder der Kloß im Hals"[34] als Symptome auf.

---

[27] Kossak (2016) S. 53
[28] Kossak (2016) S. 53
[29] Vgl. Hautzinger, M. (2007): Biologische Grundlagen. In: Reimer, C.; Eckert, J.; Hautzinger, M.; Wilke, E. (2007): Psychotherapie. Ein Lehrbuch für Ärzte und Psychologen. (3., vollständig neu bearbeitete und aktualisierte Auflage) Heidelberg: Springer Medizin Verlag, S. 50–55
[30] Vgl. Kossak (2015) S. 28
[31] Vgl. Kossak (2015) S. 28–29
[32] Kossak (2016) S. 52
[33] Kossak (2016) S. 53
[34] Kossak (2015) S. 53

Motorik (äußere Körperbewegungen)[35]
Die dritte Komponente des Modells ist die *Motorik*, unter der Kossak die „Körperbewegungen [, die][...] teils willkürlich gesteuert, teils durch angeborene automatische Programme geregelt"[36] werden, versteht.

Kossak nennt auf dieser Ebene als häufigste Symptome der Prüfungsangst „Erstarren, erhöhter Muskeltonus, Zittern und Gangunsicherheit, Sprechhemmung"[37]. Er zählt als weitere mögliche Symptome auf: „ängstliche Mimik, die man zu verbergen sucht [...] [und] Vermeidung von Lernen, von Hausaufgaben, vom Schulbesuch, ggf. Weglaufen und Schulverweigerung"[38].

Kognition
Kossak verweist zur Begriffsbestimmung von *Kognition* als vierter Komponente des Verhaltens auf die Definition von Wells:

> „Kognitionen sind mentale Prozesse und Strukturen - also alles das, was wir im Kopf erkennen, erfahren, kennenlernen [...] und was das Denken unterstützt (Wells 2011, S. 19)."[39]

Als häufigste Prüfungsangst-Symptome auf der kognitiven Ebene nennt Kossak „sorgenvolle Gedanken, katastrophisierende Gedanken, automatische Gedanken, zwanghaft wiederkehrende Gedanken, um Misserfolg kreisende Gedanken, dysfunktionale Gedanken, Selffulfilling Prophecy [...][und die] Behinderung aufgabenrelevanter Denkprozesse durch: Lern- und Gedächtnisblockaden, Fehler in der Wahrnehmung und Aufmerksamkeit, Konzentrationsstörungen"[40].

Kossak weißt im Anschluss an Beck darauf hin, dass *kognitive Schemata* bei Angststörungen zu einer „Fehlfunktion bei der Verarbeitung von Gefahrreizen und den Informationen darüber [...] [führt]. Die Gefahr wird demnach überbewertet und zeigt sich in der Ausbildung von Gefahrschemata, also irrationalen Überzeugungen und Annahmen zu Ereignissen, Handlungen, Gedanken und Objekten (Beck 1967)."[41]

---

[35] Kossak (2016) S. 53
[36] Kossak (2015) S. 53
[37] Kossak (2015) S. 58
[38] Kossak (2015) S. 58
[39] Kossak (2015) S. 65
[40] Kossak (2015) S. 64
[41] Kossak (2015) S. 66

Motivation
Als weitere Komponente fungiert die *Motivation*. Kossak verwendet folgende Definition um den komplexen Begriff der Motivation zu beschreiben:

> „Nach neueren Definitionen ist es das Ziel motivationaler Prozesse, dass man die Affektbilanz optimiert. Erhofft wird damit, dass man die mit der Zielerreichung oder Nichterreichung verbundenen Emotionen wahrnehmen kann. Die Optimierung der Affektbilanz strebt man entweder durch Maximierung positiver oder durch Minimierung negativer Affekte an (Salamone 1992). Motivation ist danach der Prozess, das Motiv durch Handlung zu erreichen. Motive sind damit u. a. abhängig von Zeitgeschehen, Wertvorstellungen, Attributionen und Sozialerwartungen."[42]

Als häufigste Prüfungsangst-Symptome auf der motivationalen Ebene nennt Kossak die „Abnahme der intrinsischen Motivation - mehr extrinsische Motivation wird erforderlich[,] […] Zunahme von Motivation zur Misserfolgsvermeidung[,] […] Flucht- und Vermeidungswünsche, Vermeidungs- und Fluchtverhalten, Prüfungsabbruch, Prüfungsverweigerung, Schuleschwänzen, Schulverweigerung"[43].

Attribution
Kossak verweist zur Begriffsbestimmung der *Attribution*, die eine weitere Komponente des Modells darstellt auf die Definition von Kelley:

> „Attribution meint die Zuschreibung von Ursachen, Gründen und Erklärungen zu bestimmten Ereignissen; aus diesen Zuschreibungen (und nicht so sehr aus den tatsächlichen Gründen) ergeben sich für das Verhalten der Person klare Konsequenzen. Attribution leistet eine wichtige Funktion in unserer Orientierung in der komplexen Welt (Kelley 1971)'"[44]

Als häufigste Prüfungsangst-Symptome auf der attributionalen Ebene nennt Kossak die „Reduktion der Selbstsicherheit und der positiven Eigenbewertung[,] […] Angst vor negativer Fremdbewertung[,] […] subjektiver Kontrollmangel, Kontrollverlust, Ungewissheit[,] […] Divergieren von eingeschätzten und realen Konsequenzen des Prüfungserfolges bzw. -misserfolges, Misserfolgserwartungen (die erlebte Bedrohung ist subjektiv höher bewertet als die tatsächliche Bedrohung) [,][…] Abnahme von Selbstwirksamkeit (Jeck 2001), Ver-

---
[42] Kossak (2015) S. 90
[43] Kossak (2015) S. 89
[44] Kossak (2015) S. 99

lust des 'internal locus of control', Abnahme der subjektiven Bewältigungsmöglichkeiten, Zunahme von abergläubischem Verhalten[,] [...] Einschätzung der Schwierigkeitsgrade der Prüfungsanforderungen und ihrer Bewältigung wird zunehmend negativ[,][...] zunehmend negativere Bewertung der eigenen Leistungsfähigkeit und des eigenen Copings"[45].

Zusammenfassend lässt sich festhalten, dass der *Attribution* im Kontext von Prüfungsangst eine übergeordnete Funktion zukommt, die auch in den therapeutischen Interventionsvorschlägen zum Umgang mit Prüfungsangst berücksichtigt werden muss.

Imagination
Als letzte Komponente des Modells nennt Kossak die *Imagination*, die er wie folgt definiert:

> „Innenbilder, also Imaginationen, sind in unserer Evolutionsgeschichte subjektiv-reale Bestandteile unserer Leib-Seele-Einheit. Sie sind Teile unseres Lebens - sei es bei Wünschen, Fantasien, Erfolgserwartungen, Misserfolgserwartungen, Sexualkontakten, Problemlösungen oder anderen Aspekten. Diese bildhaften anschaulichen Vorstellungen können auf allen Sinnesebenen erfolgen. Sie werden als subjektiv real erlebt und können sogar physiologische Steuer-, Filter- und Regelprozesse beeinflussen (z. B. Speichelfluss hei der Imagination von Zitronensaft; Imaginationen zum Schmerzabbau, zur Realisierung von Problemlösungen, Imagination einer Wiese zur Entspannung). Sie sind so real, dass unser Gehirn nicht immer zwischen real wahrgenommenen und imaginierten Bildern unterscheiden kann (Ganis et al. 2004)."[46]

Wie aus dem Zitat deutlich wird, spielen somit Imaginationen eine große Rolle bei kognitiven Verarbeitungsprozessen und zeigen sich dementsprechend auch bei Prüfungsangst.

Als häufigste Prüfungsangst-Symptome auf der imaginativen Ebene nennt Kossak das „Aufsteigen von Innenbildern und Fantasieszenarien der Prüfungssituation und des Versagens aus der Vergangenheit und bezogen auf die zukünftig anstehende Prüfung[,] [...] Vorstellungsbilder der eigenen Hilflosigkeit, der Blockade, z. B.: in den Boden zu versinken oder ohnmächtig umzufallen[,][...] Bilder von der Frage des Prüfers, seinem 'drohenden' Blick[,][...] Bilder von der Negativreaktion der Prüfer und Zuschauer: ausgelacht werden, getadelt werden, dumm aussehen etc., eventuelle Innenbilder aus völlig anderen Erlebensbereichen (- kognitiv-imaginative

---
[45] Kossak (2015) S. 98f
[46] Kossak (2015) S. 109

Flucht, Vermeidung), strafender Blick des Vaters, Abwendung der Mutter bei falschen Antworten"[47].

Da die Imaginationen aber wie obiges Zitat wiedergibt auf allen Sinnesebenen ablaufen können, sind nicht nur Innenbilder (visuell), sondern auch innerlich gehörte Klänge/Geräusche (auditiv), Körperwahrnehmungen (kinesthetisch), Gerüche (olfaktorisch) und Geschmacksempfindungen (gustatorisch) möglich, wie auch das VAKOG-Modell der Repräsentationssysteme aus dem NLP (Neurolinguistisches Programmieren) vorsieht.[48]

An der Nennung der Ebene *Imagination* im Modell von Kossak zeigt sich aus Sicht des Verfassers vorliegender Arbeit dessen konzeptionelle Nähe zur Hypnotherapie.

Nach eingehender Beleuchtung der Prüfungsangst-Symptomatik auf allen Ebenen wird im nächsten Abschnitt kurz auf die diagnostische Einordnung des Phänomens der Prüfungsangst eingegangen.

2.3 KLASSIFIKATION VON PRÜFUNGSANGST

Wenngleich Diagnostik und Klassifizierung von Prüfungsangst nicht Schwerpunkt dieser Arbeit sein soll, wird im folgenden kurz überblicksartig die Einordung des Phänomens der Prüfungsangst in die gängigen Klassifikationssysteme DSM-IV und ICD-10 für Krankheiten beleuchtet. Fehm und Fydrich stellen hierbei heraus:

> „Nach den Kriterien der wichtigen Klassifikationssysteme für psychische Störungen DSM-IV (Diagnostic and Statistical Manual of Mental Disorders der American Psychiatric Association; dt. Version von Saß, Wittchen, Zaudig & Houben, 2003) und der von der Weltgesundheitsorganisation Dilling & Freyberger, 2006) herausgegebenen 'Internationalen statistischen Klassifikation der Krankheiten und verwandter Gesundheitsprobleme (ICD-10, Kapitel V)' gehören Prüfungsängste nicht explizit zu den dort definierten 'Störungen mit Krankheitswert'. Dies führt dazu, dass eine allgemein akzeptierte und damit verbindliche Operationale Definition in der wissenschaftlichen Literatur nicht vorliegt."[49]

---

[47] Kossak (2015) S. 108f
[48] Vgl. Walker, W. (1998): Abenteuer Kommunikation. Bateson, Perls, Satir, Erickson und die Anfänge des Neurolinguistischen Programmierens (NLP). (2., in der Ausstattung veränderte Auflage) Stuttgart: Klett-Cotta, S. 257–262; Vgl. Bandler, R.; Grinder, J. (1984): Therapie in Trance: Hypnose. Kommunikation mit dem Unbewußten. Stuttgart: Klett-Cotta, S. 65f
[49] Fehm; Fydrich (2011) S. 5

In der aktuellen Version des ICD-10 wird Prüfungsangst meist der Kategorie *spezifische (isolierte) Phobien* **F40.2** zugeordnet.[50] Demnach muss „eine eng umschriebene Situation"[51] vorliegen, die eine phobische Reaktion hervorruft.[52]

Davon ist bei Prüfungsangst allerdings nicht immer auszugehen, da auch Aspekte einer *sozialen Phobie* **F40.1** gekennzeichnet durch „anhaltende Angst vor Leistungssituationen oder Bewertungen durch andere Personen"[53] vorliegen kann.

Ausserdem können auch Aspekte der *Generalisierten Angststörung* **F41.1** vorhanden sein, die sich durch „eine intensive zeitlich andauernde Sorge, verbunden mit furchtsamen Erwartungen […][zeigt], die sich auf mehrere Ereignisse oder alltägliche Tätigkeiten bezieht."[54] Kossak konstatiert in diesem Sinne, dass „[m]eist […] eine Mischform aller drei Phobien anzutreffen"[55] sei.

In der nicht mehr aktuellen Version des DSM-IV wurde Prüfungsangst der „Diagnose einer Sozialen Phobie (ICD-10 F40.1; DSM-IV: 300.23), nicht generalisierter Subtyp"[56] zugeordnet.

Zusammenfassend konstatieren Fehm und Fydrich:

> „Hinsichtlich der Definition von Ängsten allgemein werden in beiden Klassifikationssystemen folgende bestimmende Aspekte genannt:[…] Die Ängste sind von körperlichen Symptomen begleitet, wie z. B. Schwitzen. starkes Herzklopfen, Hitzewallungen, Übelkeit, Schwindelgefühle, die bis zum Erscheinungsbild einer Panikattacke gehen können.[…] Die Angstsymptome lösen das Bedürfnis aus, die Situation zu verlassen oder zu vermeiden."[57]

Zusammenfassend lässt sich feststellen, dass das Phänomen der Prüfungsangst je nach individueller Ausprägung sehr unterschiedlich diagnostisch einzuordnen ist.

Schaefer et al., die einige Studien zur Prüfungsängstlichkeit bei Medizinstudierenden durchgeführt haben, geben zu bedenken, dass die Notwendigkeit der Diagnosestellung im Kontext von Prüfungs-

---

[50] Vgl. Fehm; Fydrich (2011) S. 17
[51] Deutsches Institut für Medizinische Dokumentation und Information (2017): ICD-10-GM Version 2017; http://www.dimdi.de/static/de/klassi/icd-10-gm/kodesuche/onlinefassungen/htmlgm2017/block-f40-f48.htm (abgerufen am 03.04.2017)
[52] Vgl. Fehm; Fydrich (2011) S. 17
[53] Kossak (2015) S. 15
[54] Kossak (2015) S. 15f
[55] Kossak (2015) S. 16
[56] Fehm; Fydrich (2011) S. 17
[57] Fehm; Fydrich (2011) S. 17

angst sehr genau zu prüfen ist, um eine inflationäre Diagnosestellung zu vermeiden.[58]

Die hypnosystemische Sichtweise auf Diagnosen und deren mögliche negative Implikationen bzw. den optimalen Umgang hiermit wird im weiteren Verlauf der Arbeit noch thematisiert.[59]

2.4 FUNKTIONSMODELLE DER PRÜFUNGSANGST

Im folgenden Abschnitt werden einige für die vorliegende Arbeit relevant erscheinende Funktionsmodelle der Prüfungsangst vorgestellt. Diese Modelle versuchen die Entstehung und Aufrechterhaltung des Phänomens der Prüfungsangst zu erklären und geben Hinweise für einen adäquaten Umgang und Interventionen im Kontext von Prüfungsangst.

Es sei hierbei darauf hingewiesen, dass eine Vielzahl weiterer fundierter Modelle zur Prüfungsangst besteht[60], die jedoch im Rahmen dieser Arbeit aus Gründen der Fokussetzung und des Umfangs nicht behandelt werden können.

2.4.1 Selbstregulationsmodell

Das Selbstregulationsmodell von Carver und Scheier „beschreibt Mechanismen der Selbststeuerung, die weit über den Geltungsbereich der Prüfungsangst hinausgehen. Personen nutzen demnach zur Erreichung von persönlichen Zielen Rückmeldungsschleifen, in denen sie den Ist-Zustand mit dem gewünschten Zielzustand vergleichen. Beispielsweise könnte hiernach die Diskrepanz zwischen dem notwendigen Ziel: 'Das Referat muss in zwei Wochen fertig sein' und dem Ist-Zustand: 'Zwei wichtige Abschnitte fehlen noch' zu einem Defiziterleben und damit zu prüfungsbezogenen Ängsten führen."[61]

Fehm und Fydrich stellen weiterhin heraus:

„Dabei kann die Zielerreichung durch eine Vielzahl von Bedingungen, Ereignissen oder emotionalen Zuständen beeinträchtigt oder gar verhindert werden. Eine Diskrepanz zwischen Ist- und Zielzustand

---

[58] Vgl. Schaefer, A.; Mattheß, H.; Pfitzer, G.; Köhle, K. (2007): Seelische Gesundheit und Studienerfolg von Studierenden der Medizin mit hoher und niedriger Prüflingsängstlichkeit. In: Psychotherapie, Psychosomatik, Medizinische Psychologie; Nr 57, S. 292
[59] Siehe hierzu Abschnitt 4.7
[60] Siehe hierzu exemplarisch: Piribauer, Gertrude (2012): Hypnotherapie bei Prüfungsangst in der Erwachsenenbildung. Dissertation. Wien: Sigmund Freud Privatuniversität, S. 26–58
[61] Fehm; Fydrich (2011) S. 22

erzeugt Anspannung oder – bei größer werdendem Unterschied – gar Angst, was wiederum hinderlich für die Umsetzung des geplanten bzw. notwendigen Verhaltens ist. Auch die Angst selbst ist ein zusätzliches hinderliches Moment dafür, die nächsten Schritte zu tun. Übertragen auf Prüfungssituationen und Prüfungsangst ist es eine wichtige Folge dieser Annahmen, dass nicht die Bewertungsangst in Prüfungssituationen das zentrale Agens für starke Prüfungsängste ist (es ist für die meisten Menschen angemessen, in Bewertungssituationen angespannt zu sein), sondern das Erleben einer Diskrepanz zwischen der Anforderung, die Prüfung meistern können zu müssen, und dem aktuellen Erleben der eigenen, als zu gering eingeschätzten Kompetenzen und Ressourcen."[62]

Fehm und Fydrich geben hierbei kritisch zu bedenken, dass dieses Modell „hinsichtlich der angenommenen Auswirkung von Angst uneindeutig bleibt. Angst kann danach einerseits ein begünstigender Faktor für Prüfungsleistungen sein, andererseits aber auch Ursache von Schwierigkeiten bei der Selbstkontrolle oder auch Folge misslungener Selbstkontrolle - oder eine Mischung aus beidem sein."[63]

2.4.2 Selbstwertmodell

Fehm und Fydrich fassen die wichtigsten Grundannahmen des Selbstwertmodells wie folgt zusammen:

> „Das Selbstwertmodell von Covington (1992) fokussiert auf die motivationalen Bedingungen von Lernen und den Zusammenhang zwischen Selbstwert und Lernen bzw. Lernerfolg. Ausgehend von der Annahme, dass der Selbstwert einer Person stark von den eigenen akademischen und beruflichen Erfolgen abhängt, wird ein Versagen in Prüfungssituationen als Angriff auf den Selbstwert erlebt, den es nach allen Möglichkeiten zu vermeiden gilt. Eine weitere Grundannahme des Modells ist, dass Personen und ihr Umfeld ein schlechtes Ergebnis in einer Prüfungsleistung auf die Fähigkeiten der Person attribuieren und nicht auf externe Faktoren wie beispielsweise unfaire Prüfungsbedingungen."[64]

Der Überlegung des Selbstwertschutzes folgend spielt für die „Stärke der Selbstwertbedrohung auch die Art und der Aufwand bei der Prüfungsvorbereitung eine wichtige Rolle. Ein Misserfolg in einer Prüfung, für deren Vorbereitung nur geringe Anstrengungen unternommen wurden, ist weniger selbstwertbedrohlich als ein Misser-

---

[62] Fehm; Fydrich (2011) S. 22f
[63] Fehm; Fydrich (2011) S. 23
[64] Fehm; Fydrich (2011) S. 23

folg nach sehr aufwendigen Vorbereitungen."[65] Dementsprechend kann mit diesem Modell die Tendenz des Prokrastinierens, bzw des Aufschiebeverhaltens von Personen mit Prüfungsangst gut erklärt werden, da hierdurch (nach diesem Modell) eine Selbstwertbedrohung vermieden werden kann und somit der Prüfungsangst eine Selbstwert-Schutzfunktion zukommt.

Das Selbstwert-schützende Verhalten (wie z. B. Prokrastinieren, mangelnde Anstrengung) wird hierbei als *self-handicapping* bezeichnet.[66]

Insgesamt wird aus diesem Modell deutlich, dass der Selbstwert insgesamt eine tragende Rolle bei motivationalen Bedingungen darstellt und dementsprechend bei Prüfungsangst-Interventionen berücksichtigt werden sollte.

2.4.3 Transaktionale Modelle

Fehm und Fydrich stellen in Anschluss an Spielberger heraus, dass „Transaktionale Modelle […] Prüfungsängste als dynamisch-interaktiven Prozess von mehreren Komponenten der Person und der Situation (z. B. Spielberger, 1972a, b, c; Spielberger & Vagg, 1995)" beschreiben.

„Prüfungsangst resultiert demnach aus dem Wechselspiel von
- Persönlichkeitszügen bzw. -merkmalen der Person inklusive der Leistungsfähigkeit,
- Situationalen Variablen der Prüfung (Vorbereitung, Prüfungssituation selbst),
- Kognitiven und emotionalen Prozessen zum Umgang mit der Prüfungssituation,
- Korrelaten und kurzfristigen Konsequenzen der Prüfungsangst,
- Bewältigungsstrategien auf der kognitiven und emotionalen Ebene zum besseren Umgang mit Prüfungsangst sowie
- Lern- und Arbeitsfähigkeit/Lernstrategien."[67]

Es handelt sich somit um ein sehr komplexes Modell, welches das Phänomen Prüfungsangst auf vielen verschiedenen Ebenen analysiert und deren Zusammenhänge zu erklären versucht.

---

[65] Fehm; Fydrich (2011) S. 23f
[66] Vgl. Schwinger, M.; Stiensmeier-Pelster, J. (2012): Erfassung von Self-Handicapping im Lern- und Leistungsbereich. Eine deutschsprachige Adaptation der Academic Self-Handicapping Scale (ASHS-D). In: Zeitschrift für Entwicklungspsychologie und Pädagogische Psychologie, 44 (2), S. 68
[67] Fehm; Fydrich (2011) S. 24

Genese und Verlauf der Prüfungsangst können nach diesem Modell wie folgt beschrieben und erklärt „werden:

1. In Abhängigkeit von Persönlichkeitsvariablen (z. B. dispositionelle Ängstlichkeit, Studierfertigkeiten, fachspezifische Fähigkeiten, Einstellung zu Prüfungen) wird die Prüfungssituation initial als mehr oder minder bedrohlich eingeschätzt.
2. Je bedrohlicher die Situation empfunden wird, umso eher und stärker kommt es zu dysfunktionalen kognitiven ('worry') und emotionalen ('emotionality') Reaktionen und bedingt dadurch zu Einschränkungen bei der Prüfungsvorbereitung, vor allem durch Beeinträchtigung der Konzentrationsfähigkeit und des Arbeitsverhaltens. Dabei werden die zur Verfügung stehenden Ressourcen und Fertigkeiten als – gemessen an den erlebten Anforderungen – zu gering eingeschätzt.
3. Je häufiger negative Vorerfahrungen im Zusammenhang mit Prüfungen und Prüfungsvorbereitungen vorliegen, umso mehr negative Selbstbeschreibungen und ungünstige, selbstbezogene Attribuierungen werden aktiviert. Diese fördern wiederum die Häufigkeit und Intensität des Auftretens von Sorgen und ungünstiger Emotionalität."[68]

Ein Vorteil dieses Modells liegt nach Fehm und Fydrich darin, dass es „Aufschaukelungsprozesse von Angst und Arbeitseinschränkung erklären kann"[69].

Kossak verweist auf das kognitive Stressmodell von Lazarus, welches ebenfalls zu den transaktionalen Modellen gezählt werden muss. Hierin spielt die subjektive Bewertung der Situation und die Bewältigung dieser durch Coping-Strategien eine übergeordnete Rolle.[70]

Nachdem somit ein Überblick über einige Funktionsmodelle der Prüfungsangst dargelegt wurde, soll im nächsten Abschnitt der Fokus auf die neurobiologische Perspektive der Angstentstehung im Gehirn gelegt werden.

---

[68] Fehm; Fydrich (2011), S. 24
[69] Fehm; Fydrich (2011), S. 25
[70] Vgl. Kossak, H.-C. (2015b): Prüfungsangst – Beraten aus sieben Perspektiven. Ergänzendes Online-Material zum Buch. Heidelberg: Carl Auer Verlag, S. 3; http://www.carl-auer.de/fileadmin/carl_auer/materialien/machbar/pruefungsangst_beraten_aus_sieben_perspektiven/MB_0000027.pdf (abgerufen am 05.04.2017)

2.5 Angst aus Neurobiologischer Sichtweise

Im folgenden wird kurz das Phänomen der Angst aus neurobiologischer Sichtweise dargelegt, da sich hieraus einerseits ein besseres Verständnis der unwillkürlich ablaufenden physiologischen Angstreaktionen bei Prüfungsangst einstellt und sich andererseits mögliche therapeutische Implikationen für den adäquaten Umgang mit Angst ergeben.

Kossak beschreibt Angstreaktionen als „archaische Rettungs- und Fluchtprogramme[, die aktiviert werden][...], um das Individuum vor Beschädigung oder sogar Vernichtung zu bewahren und dadurch seine Art zu erhalten."[71]

Angst ist aus neurobiologischer Perspektive nach Grawe, der als Pionier im Bereich der Neuropsychotherapie angesehen werden muss, prinzipiell als „zentrale[s] Alarm- und Abwehrsystem des Organismus, das bei Bedrohungen jeder Art aktiviert wird, anzusehen. Im Mittelpunkt dieses Gefahrenabwehrsystems steht die Amygdala, die zusammen mit dem Hippocampus im Temporallappen lokalisiert ist."[72]

Grawe erläutert die Angstreaktionen folgendermaßen:

> „Wenn wir mit einem plötzlichen Gefahrensignal konfrontiert werden - ein lauter Knall, etwas fliegt blitzschnell auf uns zu, etwas sticht uns unvermutet - wird dieses Signal ([bezeichnet als]emotionaler Stimulus [...]), nachdem es von den Sinnesorganen zum sensorischen Thalamus geleitet wurde - das ist die zentrale Schaltstation, der jeder Input ins Gehirn erst einmal zugeleitet wird - von dort blitzschnell, ohne Umweg über den sensorischen Cortex, in dem sonst zunächst einmal eingehende Wahrnehmungssignale verarbeitet werden, direkt zum lateralen Teil der Amygdala weitergeleitet. Das alles geschieht schneller als wir denken können. Noch ehe wir richtig wissen, was los ist, reagieren wir mit einem Abwehrreflex oder erstarren für einen Moment. Genau so schnell hat unser autonomes Nervensystem reagiert, schüttet Adrenalin aus, erhöht den Blutdruck und mobilisiert unser ganzes System für Schutz- oder Angriffsreaktionen. Diese blitzschnellen, reflexartigen Alarmreaktionen wurden vom zentralen Teil der Amygdala in Gang gebracht."[73]

Die im „Normalzustand" ablaufende Wahrnehmungsverarbeitung im sensorischen Cortex bleibt demnach in Angstsituationen aus und der gesamte Organismus reagiert auf unwillkürlicher Ebene mit Alarmreaktionen.

---

[71] Kossak (2015) S. 30
[72] Grawe, K. (2004): Neuropsychotherapie. Göttingen: Hogrefe, S. 91
[73] Grawe (2004) S. 91f

Diese für das menschliche Überleben extrem sinnvolle unwillkürliche Angst-Reaktion des Organismus bringt den in Prüfungssituationen nachteiligen Effekt mit sich, dass der „Hippocampus abgeschaltet [wird und somit] keine höheren kognitiven Funktionen"[74] mehr zur Verfügung stehen. Hieraus können z. B. Probleme beim Abruf gelernter Inhalte in Prüfungssituationen und sogenannte „Blackouts" erklärt werden, die im Kontext von Prüfungsangst auftreten können.[75] Die neurobiologischen Erklärungsmodelle für Angstreaktionen können demnach dazu genutzt werden, Personen mit Prüfungsangst die auftretenden Phänomene besser verständlich zu machen.

Nach diesen neurobiologischen Betrachtungen wird in den folgenden beiden Abschnitten auf die Studienlage zur Prüfungsangst bei Studierenden und den Beratungs- bzw. Interventionsbedarf hierzu fokussiert.

2.6 STUDIENLAGE ZUR PRÜFUNGSANGST BEI STUDIERENDEN

In diesem Abschnitt wird ein Einblick in die Studienlage zur Häufigkeit von Prüfungsangst bei Studierenden gegeben, um das Ausmaß dieses Phänomens besser einschätzen und die Relevanz von möglichen Prüfungsangst-Interventionen abwägen zu können.

Fehm und Fydrich haben einen Überblick der Studienlage zu Prüfungsangst von Schülern und Studenten (Stand 2011) zusammengestellt[76], aus dem hervorgeht, dass die Prüfungsangsthäufigkeit „nur mit einer großen Schwankungsbreite beziffert werden [kann], die zwischen 5 und 20% der Studierenden liegt."[77] Fehm und Fydrich führen dies unter anderem auf „das Fehlen einer einheitlichen Definition sowie eines übereinstimmend akzeptierten Messinstruments mit Vergleichswerten [...][zurück]. Dies führt dazu, dass Studien nur schwer vergleichbar sind. Des Weiteren erschweren geringe Rücklaufquoten die Generalisierung der Ergebnisse auf die Gesamtpopulation."[78]

Der vom BMBF in Auftrag gegebene 12. Studierendensurvey vom WS 2012/13 ergab bezüglich der Sorgen und Prüfungsprobleme von Studierenden an deutschen Universitäten und Fachhochschulen mit einer Stichprobengröße von n=4884 Studierender[79] folgendes Ergebnis:

---

[74] Kossak (2015) S. 33
[75] Vgl. Kossak (2015) S. 33
[76] Vgl. Fehm; Fydrich (2011), S. 14
[77] Fehm; Fydrich (2011), S. 16
[78] Fehm; Fydrich (2011), S. 13

- 19% der Studierenden (Uni und Hochschule) gaben an „Sorge zu haben ihr Studium zu schaffen" träfe völlig auf sie zu
- 28% der Universitätsstudierenden und 26% der Hochschulstudierenden gaben an „Angst vor Prüfungen zu haben" träfe völlig auf sie zu
- 18% der Universitätsstudierenden und 21% der Hochschulstudierenden gaben an „in Prüfungen vor Aufregung vergesslich" zu sein träfe völlig auf sie zu.[80]

Trotz der fehlenden Vergleichbarkeit und offensichtlich bestehender methodischer Mängel[81], wie z. B. durch zu kleine Stichproben oder Unterschlagung von Rücklaufquoten in vielen der vorliegenden Studien zur Prüfungsangsthäufigkeit Studierender, kann davon ausgegangen werden, dass ein relativ hoher Prozentsatz der Studierenden das Phänomen der Prüfungsangst für die eigene Person als relevant erachtet und möglicherweise von einem gezielten Beratungs- bzw. Coachingangebot zum Umgang mit Prüfungsangst profitieren könnte.

---

[79] Ramm, M. (2014): Studierendensurvey: Response-Raten - Dokumentation I. In: Ramm, M.: Response, Stichprobe und Repräsentativität. Zwei Dokumentationen zum Deutschen Studierendensurvey (DSS). Hefte zur Bildungs- und Hochschulforschung (72), Arbeitsgruppe Hochschulforschung, Universität Konstanz, S. 5; https://cms.uni-konstanz.de/index.php?eID=tx_nawsecuredl&u=0&g=0&t=1491914646&hash=05e793d2839669047767b8e1f1e41daadcb2d783&file=fileadmin/gso/ag-hochschulforschung/Heft72Gesamtdatei.pdf (abgerufen am 10.04.2017)

[80] Vgl. Ramm, M.; Multrus, F.; Bargel, T.; Schmidt, M. (2014): Studiensituation und studentische Orientierungen. 12. Studierendensurvey an Universitäten und Fachhochschulen. Langfassung (ca 500 Seiten). Berlin: Bundesministerium für Bildung und Forschung, S. 227f; https://www.bmbf.de/pub/Studierendensurvey_Ausgabe_12_Langfassung.pdf (abgerufen am 10.04.2017)

[81] Vgl. Fehm; Fydrich (2011), S. 13f

2.7 Beratungs- bzw. Interventionsbedarf für Studierende mit Prüfungsangst

Im folgenden wird der Bedarf von Beratungs- bzw. Interventionsangeboten für Studierende mit Prüfungsangst beleuchtet.

Fehm und Fydrich konstatieren einen steigenden Beratungsbedarf von Studierenden mit Prüfungsangst:

> „Berichte aus Beratungsstellen legen nahe, dass der Anteil Studierender, der sich mit dem Problem Prüfungsangst an eine hochschulnahe Beratungsstelle wendete, in den letzten Jahren deutlich zugenommen hat (siehe z. B. Bakman, 2003). Holm-Hadulla, Hofmann, Sperth und Funke (2009) berichten, dass die Häufigkeit von Prüfungsängsten bei Beratungssuchenden einer Studentenberatungsstelle von 37 % und 38 % in den Jahren 1993 und 1998 auf 56 % im Jahr 2007/2008 angestiegen war." [82]

Gumz et al. stellen ebenfalls einen steigenden Beratungsbedarf heraus:

> „In einer Freiburger Untersuchung gab über die Hälfte der befragten Studierenden Lern- und Arbeitsstörungen, wie Ausweichverhalten, Aufschieben, Konzentrationsprobleme, Ablenkbarkeit, Motivationsmangel an, die vor allem im Kontext studienbezogener Leistungsanforderungen ausgelöst wurden [...]. Aus den Sozialerhebungen ist bekannt, dass Leistungsprobleme und Prüfungsängste unter den meistgenannten psychischen Beeinträchtigungen rangieren [...]. Der Beratungsbedarf der Studierenden wegen Lern- und Leistungsproblemen wird zwischen 12 und 41% angegeben, wegen Prüfungsangst, Arbeits- und Konzentrationsschwierigkeiten und Arbeitsorganisationsproblemen liegt er bei etwa 14% [...]. In einer anderen Erhebung waren zwischen 4 und 14% der Studierenden durch Prokrastination beeinträchtigt [...]. Holm-Hadulla et al. [...] verglichen Studierende, die psychotherapeutische Beratung aufsuchten mit einer Feldstichprobe. Unter Beratungssuchenden lag der Anteil von Arbeits- und Konzentrationsschwierigkeiten bei 53%, der Anteil von Prüfungsangst bei 56%, in der Kontrollstichprobe bei 21 bzw. 18%." [83]

Gumz et al. resümieren hieraus, dass „Deskriptive Analysen zur Prävalenz und Typologie von Lern- und Arbeitsstörungen unter Studierenden [...] Voraussetzung [sind], um effektive Beratungskonzepte entwickeln zu können."[84]

---
[82] Fehm; Fydrich (2011), S. 15
[83] Gumz, A.; Brähler, E.; Erices, R. (2012): Burnout und Arbeitsstörungen bei Studenten. Eine abschlussspezifische Untersuchung von Klienten einer psychotherapeutischen Studentenberatung. In: Psychotherapie, Psychosomatik, Medizinische Psychologie; Nr. 62, S. 34
[84] Gumz et al (2012) S. 38

Schaefer et al. empfehlen auf Grundlage ihrer Studienergebnisse zum Themenkomplex der Prüfungsängstlichkeit bei Medizinstudierenden die Einrichtung von niedrigschwelligen therapeutischen Beratungsangeboten und konstatieren hierzu:

> „Dies würde nicht nur dem bei Angststörungen bekannten hohen Chronifizierungsrisiko entgegenwirken, sondern sich vermutlich auch positiv auf die Studienleistungen auswirken. Wir denken hier an die Einrichtung einer Prüfungsangstgruppe, die von psychotherapeutisch ausgebildeten Mitarbeitern geleitet und jedes Semester neu begonnen wird. Diese Prüfungsangstgruppen sollten fakultätsintern angeboten und finanziert werden"[85]

Zusammenfassend ist somit festzustellen, dass ein hoher Beratungs- und Interventionsbedarf für Studierende mit Prüfungsangst besteht. Dementsprechend wünschenswert ist es, effektive Beratungskonzepte hierfür zu entwickeln bzw. zu veröffentlichen, wozu vorliegende Arbeit möglicherweise einen kleinen Beitrag in der Folge leisten kann.

In diesem Sinne wird im folgenden Kapitel exemplarisch das therapeutische Konzept zum Themenkomplex der *Prüfungsangst bei Studierenden* einer Psychotherapeutin vom Studierendenwerk Berlin vorgestellt.

---

[85] Schaefer et al. (2007) S. 296

3 Therapiekonzept an einer Beratungsstelle des Berliner Studierendenwerks zum Umgang mit Prüfungsangst

In diesem Abschnitt wird überblicksartig das individuelle therapeutische Konzept der Psychotherapeutin Dipl.-Psych. Birgit Rominger von der Psychologisch-Psychotherapeutischen Beratungsstelle des Studierendenwerks Berlin[86] vorgestellt, die Beratungs- bzw. Coachingangebote zum Umgang mit Prüfungsangst für Studierende anbietet. Hierdurch soll ein individueller Einblick in die praktische therapeutische Arbeit einer Therapeutin im Bereich *Prüfungsangst bei Studierenden* ermöglicht werden. Der Einblick kann im Rahmen dieser Arbeit nur oberflächlich bewerkstelligt werden.

3.1 DATENERHEBUNG MITTELS EXPERTENINTERVIEW UND E-MAIL-KONTAKT

Das in der Folge skizzierte therapeutische Konzept wurde mittels eines Experteninterviews am 21.11.2016 in der Psychologisch-Psychotherapeutischen Beratungsstelle des Studierendenwerks Berlin erfragt bzw. erhoben.

Die erhobenen Daten in Form einer digitalen Tonaufnahme des Interviews[87] werden im folgenden zusammengefasst und untergliedert wiedergegeben. Hierzu werden direkte und indirekte Zitate verwendet. Es wird jeweils der Verweis auf die entsprechende Stelle in der Audio-Datei in Form einer Zeitangabe (min:sek) bei kürzeren Sequenzen oder bei längeren Sequenzen (min:sek – min:sek) gegeben.

Die interviewte Psychotherapeutin muss in diesem Kontext als Expertin angesehen werden, da ihr Funktionswissen Gegenstand des Interviews war und nicht biografische Daten.

Der Feldzugang gestaltete sich in diesem Fall sehr einfach, da lediglich eine E-Mailanfrage bei der Psychologisch-Psychotherapeutischen Beratungsstelle des Studierendenwerks Berlin bezüglich eines Interviewtermins notwendig war, um den Kontakt herzustellen und einen Interviewtermin zu vereinbaren.

---

[86] Siehe hierzu https://www.stw.berlin/beratung/themen/gruppenangebote.html
[87] Rominger, B. (2017): Unveröffentlichtes Experteninterview zum Thema „Prüfungsangst" vom 21.11.2016 (Audiodatei)

Außerdem wurde zur Vervollständigung ein kleiner Nachtrag zur Vorstellung ihres Konzepts von Frau Rominger per E-Mail getätigt, der separat gekennzeichnet wird.

3.2 INTERVIEWLEITFADEN
Zur Vorbereitung auf das Interview wurde als Erinnerungsstütze ein Interview-Leitfaden erstellt, der folgende 5 Fragen beinhaltete, die im Zuge des Interviews erfragt wurden:

1. Mit welchen konkreten Problemen kommen die KlientInnen zu Ihnen in die Beratung? Was genau ist *„Prüfungsangst"*?
2. Wird eine Diagnose für die Inanspruchnahme der Beratung benötigt?
3. Welches therapeutische Konzept wird angewendet? Was machen Sie konkret mit den KlientInnen?
4. Findet die Beratung im Einzel- und/oder Gruppensetting statt?
5. Sind hypnotherapeutische Aspekte in Ihrer Arbeit vorhanden?

Im Zuge des Interviews wurden noch weitere aus der Situation heraus entstehende Fragen gestellt, die hier nicht aufgelistet werden.

3.3 ERGEBNISSE / VORSTELLUNG DES THERAPEUTISCHEN KONZEPTS
Das in der Folge vorgestellte therapeutische Konzept von Fr. Rominger zum Umgang mit Prüfungsangst ist als *integrativ* zu bezeichnen, da hierbei Aspekte unterschiedlicher psychotherapeutischer Schulen bzw. Verfahren wie der Verhaltenstherapie, tiefenpsychologischen Verfahren, Systemischer Therapie, Psychodrama-Arbeit, EMDR[88], Neuropsychotherapie und dem Mentaltraining (Sportpsychologie) integriert werden. (10:20) Grundsätzliches Ziel des Prüfungsangstcoachings sei es, einen anderen Umgang mit der Prüfungsangst zu erlernen, da die Angst selbst nicht aufgelöst werden könne. (8:50)

3.3.1 Teilnahmebedingungen, Setting und zeitlicher Umfang
Als Teilnahmebedingung für das Prüfungsangst-Coaching muss keine Diagnose nach ICD-10 vorliegen und es wird in diesem Sinne auch keine diagnostische Testung im Vorfeld durchgeführt. (2:40) Das Prüfungsangst-Coaching findet bevorzugt im Gruppensetting statt, da hierdurch viele positive Prozesse wie z.B gegenseitige Em-

---
[88] Abkürzung für: „Eye Movement Desensitization and Reprocessing"

pathie (18:50) ermöglicht würden die so im Einzelsetting nicht zu erreichen seien. Zudem sei für Angstthematiken das Gruppensetting generell empfehlenswert. (3:35) Bei kurzfristigen Anfragen vor akut anstehenden Prüfungen wird auch das Einzelsetting angeboten. (51:40)

Es wird ein intensives einwöchiges Coaching-Programm innerhalb der Semesterferien angeboten, bei dem an fünf Tagen die Woche jeweils vier Stunden gearbeitet wird. (12:20) Zusätzlich wird ca. 8 Wochen vor der Prüfungsphase während des Semesters ein zweitägiges Intensivprogramm mit jeweils 8 Stunden pro Tag angeboten. (13:00)

3.3.2 Anamnese

Zunächst wird mit einer symptomorientierten Anamnese begonnen in der die Situation geklärt wird. (4:30) Es wird hierbei die Motivation erfasst das Prüfungsangst-Coaching zu besuchen und ob es bei einem eventuellen ersten Scheitern in einer Prüfung Wissenslücken gab. Hierzu wird die Frage „Hätten Sie die Prüfung zu Hause bestanden oder nicht ... in dieser Zeit?" (4:55) gestellt, um herauszufinden ob es sich um ein Lernproblem handelt.

Des Weiteren werden in der Anamnese kritische Lebensereignisse im Zusammenhang mit einem erstmaligen Auftauchen der Angst erfragt. (6:00) Ausserdem wird erfragt ob Drogenkonsum wie z. B. Cannabis vorliegt, der Angstentstehung begünstige. (7:35)

3.3.3 Verhaltenstherapeutische Psychoedukation, Entspannungsverfahren und Selbsterfahrung mittels kognitiver Umstrukturierung

Im Zuge einer verhaltenstherapeutisch orientierten Psychoedukation wird zunächst mit einem theoretischen Input über *Angst* begonnen. Es wird im Zuge dessen auf den drei Ebenen *Körperliche Ebene*, *Kognition* und *Verhalten* gearbeitet. (10:45)

Hierbei werden für die *körperliche Ebene* Entspannungsverfahren wie die Progressive Muskelentspannung vermittelt. (11:50) Zudem werden zusätzliche Entspannungstechniken, die vor der unmittelbar bevorstehenden Prüfung angewendet werden können vermittelt. Hierunter fallen z. B. kleine Atemübungen, das subvokale Verbalisieren von Gegenständen und die „5-4-3-2-1" Stabilisierungsübung aus dem EMDR[89], bei denen der Aufmerksamkeitsfokus verschoben

---

[89] Bei dieser in der Traumatherapie häufig angewendeten Intervention wird abwechselnd jeweils auf den visuellen, auditiven und kinesthetischen Sinneskanal fokussiert und somit eine Reorientierung ins „hier und jetzt" ermög-

wird und negative Gedanken blockiert werden können. (14:10 – 17:20)

In der zweiten Sitzung wird im Theorieteil mit den Kognitionen gearbeitet. Hierzu wird mit der VT-Technik der *kognitiven Umstrukturierung*[90] gearbeitet. Hierbei werden Karteikarten erstellt, auf denen die Studierenden notieren, welche individuellen Angstgedanken bei Ihnen entstehen. Anschließend wird über diese Angstgedanken in 2-3er Gruppen gesprochen bzw. sich gegenseitig ausgetauscht was sehr positive Effekte wie z.B „gegenseitiges Sich-verstanden -Fühlen" mit sich bringt. (18:00 – 19:10)

Anschließend werden die Angstgedanken daraufhin überprüft, wie hilfreich diese sind um sich so zu fühlen, wie man sich fühlen möchte. In einem weiteren Schritt werden die Gedanken zu hilfreichen Gedanken umformuliert die hilfreich und realistisch sein müssen. Hierzu wird wiederum das Gruppensetting genutzt, indem zunächst Gedanken von jeweils anderen Studierenden umformuliert werden. (19:10 – 20:55)

3.3.4 Rollenwechsel-Übungen aus dem Psychodrama

Rollenwechsel-Übungen aus dem Psychodrama[91] spielen eine große Rolle im vorgestellten therapeutischen Konzept. (21:55 – 35:45) Hierbei wird die Möglichkeit des Rollenwechsels in den verschiedensten Varianten spielerisch umgesetzt und somit erfahrbar gemacht. Hierbei spielt vor allem auch der Fokus auf die *innere Haltung* und die mit ihr einhergehende Physiologie (z. B. eher aufrechte Haltung oder eher gekrümmt?) eine große Rolle. Im Zuge der psychodramatischen Übungen wird die Technik des „Zur-Seite-Sprechens" angewandt, bei der innere Stimmen, Vorgänge oder Gedanken verbal artikuliert werden.

Ziel dieser Übungen sei, ein Gespür für die verschiedenen Rollen und die jeweils zugehörige Physiologie und die zugehörigen Gedanken zu erlangen.

---

licht.
Vgl. Tesarz, J.; Seidler, G. H.; Eich, W. (2015): Schmerzen behandeln mit EMDR. Das Praxishandbuch. Stuttgart: Klett-Cotta, S. 231–232

[90] Siehe hierzu: Einsle, F.; Hummel, K. V. (2015): Kognitive Umstrukturierung. Techniken der Verhaltenstherapie. Weinheim: Beltz Verlag (PVU), S. 37–90

[91] Siehe hierzu u. a. Burmeister, J. (2009): Psychodrama in der Psychotherapie. In: Ameln, F. von; Gerstmann, R.; Kramer, J. (Hrsg): Psychodrama. (2., überarbeitete und erweiterte Auflage) Heidelberg: Springer Medizin Verlag, S. 361–398.

So wird z. B. im Zuge der Rollenwechsel-Übungen geübt, so zu „gehen", wie ein prüfungsängstlicher Studierender bzw. anschließend so wie ein Studierender, der sich kompetent fühlt und zuversichtlich in die Prüfung geht. Daran anknüpfend werden die Unterschiede dessen, wie sich die beiden Rollen „anfühlen" in der Gruppe thematisiert.

Weitere Rollenwechsel-Übungen bestehen unter anderem darin, einen Professor der eine Koryphäe seines Faches ist, im Kontext einer mündlichen Prüfung zu spielen. Der Professor wird im Zuge dessen mit diversen verschiedenen Haltungen von Studierenden konfrontiert, die von gelangweilt bis hin zu aggressiv reichen. Hierbei wird die unbekannte Rolle des Gegenübers (Prüfer) in der Prüfungssituation spielerisch erfahrbar gemacht und mögliche Konsequenzen des eigenen Verhaltens in Prüfungssituationen erlebbar gemacht.

Eine weitere Rollenwechsel-Übung besteht darin, eine „Klausur" als metaphorische Person zu spielen, das Objekt „Klausur" also dramatisch wie eine Person mit Gefühlen umzusetzen. Hierbei wird die „Klausur" mit diversen verschiedenen negativen Haltungen und Gedanken von Studierenden die vor der Klausur sitzen konfrontiert. Im Anschluss daran wird die „Klausur" interviewt und gefragt wie sie sich gefühlt habe. Im Zuge dieser Übung wird das Thema „Klausur" auf spielerische Art und Weise positiv besetzt. Hierbei zeige sich oft, dass „die Klausur" sich einfach nur wünsche, dass man sich auf sie konzentriert bzw. mit ihren Inhalten beschäftigt und sich nicht z. B. über sie ärgert.

Als „Kernstück der Arbeit" sei die dramatische Inszenierung einer eigenen gescheiterten Prüfungssituation im Rahmen des Prüfungsangstcoachings zu betrachten. Hierbei zeige jede/r Studierende im Zuge eines Rollenspiels eine selbst erlebte Prüfungssituation, in der er/sie „gescheitert" sei oder mit Prüfungsangst zu kämpfen hatte. Begonnen wird bei dieser Arbeit mit dem „Aufwachen am Morgen" der Prüfung. Hierbei werden wieder mittels der Technik des „Zur-Seite-Sprechens" innere Gedanken verbalisiert. Als nächstes wird die Situation „vor dem Prüfungsraum" dramatisch umgesetzt und innere Gedanken verbal artikuliert. Anschließend wird die eigentliche Prüfungssituation dramatisch umgesetzt.

Wenn dieser Teil abgeschlossen ist, wird der/die Studierende gebeten aus seiner Rolle als „prüfungsängstliche/r Studierende/r" herauszutreten und von außen die Situation zu beobachten und als Coach „sich selbst" Ratschläge in den verschiedenen Etappen des

Prüfungstages zu geben. Ein/e andere/r Studierende/r übernimmt nun die Rolle des/der „prüfungsängstlichen Studierenden". In dieser Phase des Selbst-Coachings konferiere die leitende Therapeutin als Coach-Kollegin. Im Zuge dessen werde zudem die dramatisch dargestellte Situation immer wieder „eingefroren" um Coaching-Ratschläge etc. erteilen zu können.

Bei dieser Übung sei sowohl das „Zuschauen" und möglicherweise Erkennen von Analogien der Situation, als auch das „Selbst-Spielen" sehr hilfreich für die am Prüfungsangst-Coaching teilnehmenden Studierenden. Pro Person seien für diese aufwendige und sehr individuell angelegte Übung ca. eine Stunde inklusive Nachbesprechung eingeplant.

3.3.5 Aspekte aus der Neuropsychotherapie und dem Mentaltraining

Auch Aspekte aus der Neuropsychotherapie und dem Mentaltraining (Sportpsychologie) sind Teil des erfragten therapeutischen Konzepts.

Relativ häufig sei „Ärger über sich selbst oder den Professor Ausgangspunkt [für das Entstehen der][...] Ängste." (36:33 – 36:45) Zudem sei „Angst immer gekoppelt mit etwas anderem" und in diesem Zuge würden auf der emotionalen Ebene oftmals starke Gefühle entwickelt, die den Zugang zum Frontalhirn erschweren bzw. unmöglich machen. (36:45 – 37:05)

Als Intervention sei hier ratsam, über „was Neutrales wieder" zurückzukommen zum Gelernten (37:05 – 37:10) und nicht über die Emotion direkt zurück zum Gelernten zurück zu gehen. In diesem Kontext verweist die Therapeutin auf das Konzept der „neutralen Schleuse" die in Anlehnung an den Sportpsychologen Eberspächer entstand.[92] Als konkrete Handlungsempfehlung schlägt sie das bewusste Trinken eines Schluckes Wassers, kleine Entspannungsübungen, den bewussten Biss in die Banane, das bewusste Wahrnehmen eines Gegenstandes in der Umgebung, die bereits erwähnte „5-4-3-2-1" Übung aus dem EMDR, das bewusste Riechen z. B. eines Par-

---

[92] Frau Rominger wies per E-Mail-Nachtrag daraufhin, dass sie dieses Konzept in einem persönlichen Kontakt mit Herrn Eberspächer kennen lernte und das Vorgehen mit Abwandlungen übernommen habe und nicht aus der Literatur; ob der Begriff der „neutralen Schleuse" explizit von Eberspächer komme sei nicht mehr rekonstruierbar;
Siehe zur Arbeit von Eberspächer u. a.: Eberspächer, H. (2012): Mentales Training. Das Handbuch für Trainer und Sportler. (8. durchgesehene Neuauflage) München: Stiebner Verlag.

füms und dergleichen mehr vor, bei denen von einem Wahrnehmungskanal auf einen anderen gewechselt wird. Somit sei der Zugang zum Frontalhirn und somit zu den gelernten Inhalten wieder herstellbar.

Außerdem betont Fr. Rominger, es sei empfehlenswert, prinzipiell eine Prüfungshaltung anzustreben, die nicht zu positiv sein solle, sondern eher als neutral mit leicht positiver Einfärbung zu beschreiben sei. Dementsprechend sei es nicht zieldienlich sich z. B. komplett imaginativ in den den letzten Sommerurlaub zurück zu versetzen, da hierbei wieder zu sehr die emotionale Ebene aktiviert würde, was wiederum zur Blockierung des Zugangs zum Frontalhirn führen würde. (37:10 – 44:50)

3.3.6 Hypnotherapeutische Aspekte im therapeutischen Konzept

Hypnotherapeutische Techniken bzw. Aspekte würden nach Auskunft von Fr. Rominger nicht angewendet. Zudem habe sich bei ihr eine demutsvolle Haltung bezüglich der Wirksamkeitserwartung einzelner psychotherapeutischer Verfahren eingestellt vor dem Hintergrund der immensen Komplexität, Individualität und Vielfältigkeit der Zusammenhänge der Prüfungsangst-Thematik jedes Klienten. (53:20 – 55:20)

3.3.7 Visualisierung der Prüfungssituation mit kleinen Entspannungsgedanken

Fr. Rominger schickte als Nachtrag per E-Mail zum Vorgehen in der Gruppe folgende Ergänzungen:

„Am Ende führe ich immer noch eine Visualisierung der Prüfungssituation mit kleinen Entspannungsgedanken (z. B. Die Atmung geht ruhig und regelmäßig) durch. Die Teilnehmer sollen sich mental in ihre Prüfungssituation versetzen, wahrnehmen wie sie sich fühlen, akzeptieren wie sie sich fühlen, Schwierigkeiten bewältigen, im Kontakt mit der Klausur sein bzw. im Kontakt mit dem Prüfer sein und ganz konzentriert auf den fachlichen Inhalt der Prüfung. Diese Erfahrung ist für viele Studierende eine Neue. Sie erleben dies sehr positiv."[93]

---

[93] E-Mail von Fr. Rominger vom 26.05.2017

4 Vorstellung des hypnosystemischen Ansatzes

4.1 Einführender Überblick zum hypnosystemischen Ansatz

In diesem Kapitel wird der *hypnosystemische Ansatz*, entwickelt von Dr. Gunther Schmidt, welcher im Beratungs- und Psychotherapiebereich Anwendung findet vorgestellt. In diesem Zuge werden die wichtigsten Grundannahmen, Begriffe und Prinzipien im Folgenden erläutert.

Um den hypnosystemischen Ansatz zu charakterisieren und den Begriff *hypnosystemisch* besser einordnen zu können sei folgendes Zitat vorweg gestellt:

> „Den Begriff 'hypnosystemisch' habe ich um das Jahr 1980 vorgeschlagen, um ein Modell zu charakterisieren, das versucht, systemische Ansätze für Psychotherapie und Beratung (Coaching, Teamentwicklung, Organisationsentwicklung) mit den Modellen der kompetenzaktivierenden Erickson'schen Hypno- und Psychotherapie zu einem konsistenten Integrationskonzept auszubauen (welches auch hilfreiche Aspekte aus anderen Ansätzen mit einbezieht, die mit diesen Konzepten kompatibel sind und sie bereichern, z. B. aus Psychodrama, Körpertherapien u. a.). Inzwischen konnte dieses Modell zu einem umfassenden, sehr differenziert und flexibel einsetzbaren Interventions- und Beschreibungsansatz ausgebaut werden, wobei es durch tägliche Praxis und viele sehr wertvolle Rückmeldungen von KollegInnen und auch KlientInnen permanent weiterentwickelt wird."[94]

Somit ist der *hypnosystemische Ansatz* als *integratives* Konzept zu verstehen, da er aus der Verbindung verschiedener Psychotherapiekonzepte entstanden ist und sich noch immer stetig weiterentwickelt. So ist z. B. eine neuere Entwicklung des hypnosystemischen Ansatzes die Integration von Konzepten der *energetischen Psychotherapie* nach Fred Gallo u. a. TherapeutInnen, die allerdings nicht Schwerpunkt vorliegender Arbeit sein soll.[95]

---

[94] Schmidt, G. (2016a): Einführung in die hypnosystemische Therapie und Beratung. (7. Auflage) Heidelberg: Carl-Auer-Systeme Verlag. S. 7
[95] Persönliche Mitteilung v. Schmidt im Interview (39:40 – 40:15);
Schmidt, G. (2017): Unveröffentlichtes Experteninterview zum Thema „Prüfungsangst" vom 28.02.2017 (Audiodatei); Das Transkript dieses Interviews befindet sich im Anhang dieses Buches.

4.2 Trance-Begriff und Hypnose

Wichtige Begriffe im Kontext des hypnosystemischen Ansatzes sind die Termini *Trance* und *Hypnose*, welche im Folgenden eingehender beleuchtet werden.

Schmidt stellt heraus, dass diese beiden Begrifflichkeiten sehr unterschiedlich definiert wurden und werden: „Schon dadurch, wie diese Begriffe meist verwendet werden, entsteht leicht Verwirrung. Mit dem Begriff 'Hypnose' werden in der hypnotherapeutischen Fachwelt üblicherweise alle die Interaktions- und Kommunikationsprozesse gemeint, die rituell eingesetzt werden (entweder als Fremd- oder Heterohypnose oder als Selbst- oder Autohypnose) mit dem Ziel, bestimmte Erlebnis- und Bewusstseinszustände anzuregen, also die Prozeduren zur Erzeugung dieser Bewusstseinszustände. Diese Bewusstseinszustände selbst werden dann meist als 'Trance' bezeichnet. 'Trance' meint also das gewünschte Ergebnis der Prozeduren, während als 'Hypnose' der Weg dorthin bezeichnet wird, 'Hypnose' meint also quasi das kommunikative, interaktionelle Transportmittel hin zu diesem Ergebnis."[96]

Schmidt verwendet in Anlehnung an Beahrs einen qualitativen Trance-Begriff, der sich wie folgt beschreiben lässt: „Als 'Trance' sollte […] jeder Erlebnisprozess definiert werden, bei dem unwillkürliches Erleben vorherrscht, sowohl mit bewusster Wahrnehmung dessen, dass nun gerade mehr unwillkürliches Erleben dominiert, als auch dann, wenn dieses Vorherrschen unwillkürlichen Erlebens nicht bewusst wahrgenommen wird. Trance wird allgemein aufgefasst als Erlebnisweise, in der im Spektrum des Erlebens von willkürlicher Kontrolle zu mehr unwillkürlicher Selbststeuerung des Organismus übergeleitet wird (Beahrs 1982)."[97]

Um den Begriff *Trance* noch genauer beschreiben zu können verweist Schmidt auf folgende Systematik:

> „In der Gegenüberstellung dessen, was man 'übliches Wachbewusstsein' und was man davon unterschieden als 'Trance' bezeichnen kann, fand Beahrs drei nützliche Unterscheidungskriterien: Dies sind die Kategorien willkürlich/unwillkürlich, strukturierte Wahrnehmung/fließend-bildhafte Wahrnehmung und Sekundär-/

Siehe hierzu auch: Bohne, M.; Ohler, M.; Schmidt, G.; Trenkle, B. (Hrsg) (2016): Reden reicht nicht!? Bifokal-multisensorische Interventionsstrategien für Therapie und Beratung. (1. Auflage) Heidelberg: Carl-Auer-Systeme Verlag.
[96] Schmidt (2016a) S. 12
[97] Schmidt (2016a) S. 19

Primär-/Tertiärprozess. Erlebt jemand etwas als Teil seiner üblichen Alltagswahrnehmungsprozesse (was M. Erickson jeweils subsumiert hat unter dem sehr unscharfen Begriff 'Bewusstes'), dann erlebt er dies als von ihm selbst willkürlich gemacht, beeinflusst, als selbst verantwortete Wahrnehmung und zu ihm in seinem üblichen Selbstverständnis gehörend. [...] In dieser 'Gewohnheitswirklichkeit' ist das Denken auch gekennzeichnet durch mehr strukturiertes, analytisches, schärfer ordnendes Denken, ebenso durch das, was S. Freud als 'Sekundärprozess' bezeichnet hat, in dem vor allem gedacht wird in 'Entweder-oder-Logik' ('Ein Drittes gibt es nicht').

Erlebt jemand etwas als Trancequalität (ganz unabhängig davon, um welches inhaltliche Erlebnisphänomen es sich dabei handelt), geht dies einher damit, als ob er es gar nicht selbst täte, sondern es wie von allein unwillkürlich geschehe. Das gesamte Erleben wird mehr als im üblichen Wachbewusstsein auf autonome Selbstregulation umgeschaltet. Das Denken ist dann auch mehr imaginativ ausgerichtet, lockerer, man lässt es mehr fließen bzw. erlebt es so, dass es mehr fließt (wie von allein), es sind auch erhebliche Wahrnehmungsverzerrungen (bezogen auf das übliche Wahrnehmen) möglich, Widersprüche lösen sich eher auf, man kann z. B. gerade ganz jung gewesen sein und dann sich plötzlich ziemlich alt fühlen oder eben noch am Meer und sofort darauf in hohen Bergen sein ('Sowohl-als-auch-Logik'). In diesem manchmal auch als 'Tertiärprozess' definierten Erleben (Arieti 1976) können oft weit kreativer und auch konstruktiver Lösungen für schwierige Fragen gefunden werden"[98].

Tranceprozesse sind nach diesem Verständnis demnach also lediglich Prozesse, bei denen „unwillkürliches Erleben vorherrscht"[99], was also auch im Alltagserleben ständig stattfindet.

Dementsprechend zeigen sich auch im Alltagserleben sogenannte *Trancephänomene*[100], wie z. B. „Dissoziation, Altersregression/Altersprogression, Zeitverzerrung, Amnesie/Hypermnesie, Analgesie/Hyperalgesie, Identifikation, positive/negative Halluzination, Katalepsie, Tunnelvision/'Röhrenblick', innere Bilder, innere Sätze (unwillkürliche 'Tonbandschleifen')."[101]

Demzufolge ist also für Trance-Erleben keine explizite Tranceinduktion von Nöten und findet demensprechend mehr oder weniger bewusst alltäglich statt. Mit diesem Trance-Verständnis „eröffnet sich [...] der Blick auf ein weit gespanntes Spektrum von Variationen von Bewusstseinsprozessen (oder 'Trance'-Prozessen)"[102], wel-

---

[98] Schmidt (2016a) S. 18
[99] Schmidt (2016a) S. 21
[100] Vgl. Schmidt (2016a) S. 16–17;
Siehe hierzu auch: Bandler; Grinder (1984) S. 22
[101] Schmidt (2016a) S. 18
[102] Schmidt (2016a) S. 21

ches sowohl angenehmes oder erwünschtes Trance-Erleben beinhaltet, als auch unangenehmes und unerwünschtes Trance-Erleben. Schmidt weist daraufhin, dass dieses vorgestellte qualitative Trance-Verständnis „nicht unumstritten" sei.[103]

4.3 Problem- und Lösungstrance

Wie aus dem vorherigen Abschnitt deutlich wurde, ist Trance-Erleben prinzipiell als neutral zu betrachten und dementsprechend weder als gut oder schlecht zu bewerten. Je nach Ausprägung des Trance-Erlebens kann aus hypnosystemischer Sichtweise (und auch der Sichtweise der Erickson'schen Hypnotherapie)[104] zwischen einer sogenannten *Problemtrance*, die mit einem ungewünschten Problem- oder Symptom-Erleben assoziiert wird, und einer sogenannten *Lösungstrance*, die mit einem gewünschten Lösungs- bzw. Stimmigkeits- oder Kongruenzerleben beschrieben werden kann, unterschieden werden.[105]

Eine Problemtrance lässt sich nach Schmidt wie folgt verstehen:

> „Als Symptom (gerade auch als solches, unter dem man leidet) wird immer nur ein Prozess erlebt, den man auf bewusster, willkürlicher Ebene nicht will, der sich aber dennoch machtvoll auf unwillkürlicher Ebene durchsetzt, auch wenn man, willkürlich versucht, dies zu verhindern. […] Solche Prozesse werden meist vom bewussten, willkürlichen Teil unseres Erlebens abgewertet und bekämpft, das bewusste 'Ich' erlebt sich ja als dem unwillkürlichen 'Es' ausgeliefertes Opfer. Unbewusste, unwillkürliche Prozesse werden deshalb in unserer Kultur von sehr vielen Menschen als bedrohlich, schlecht, anrüchig, dubios angesehen, rationale, kognitive Prozesse werden meist eindeutig als besser und wünschenswerter angesehen. Die Lösungsversuche des Bekämpfens aber verringern oder bewältigen so gut wie nie das Problem, meist verstärken sie es noch (siehe z. B. auch Watzlawick, Weakland u. Fish 1971). Es werden massive Inkonsistenzen erlitten (Grawe 2004)."[106]

Zudem zeichne sich eine *Problemtrance* durch einen verengten Wahrnehmungsfokus aus: Die „Erlebnisprozesse sind besonders intensiv

---

[103] Schmidt (2016a) S. 21
[104] Vgl. Lenk, W. (2001): „Problemtrance – Lösungstrance". In: Revenstorf, D.; Peter, B. (Hrsg.): Hypnose in Psychotherapie, Psychosomatik und Medizin. Manual für die Praxis. (1. Auflage) Berlin: Springer-Verlag, S. 96–101
[105] Vgl. Schmidt (2016a) S. 44;
Siehe hierzu auch: Gilligan, S. G. (1995): Therapeutische Trance. Das Prinzip Kooperation in der Ericksonschen Hypnotherapie. (2. Auflage) Heidelberg: Carl-Auer-Systeme Verlag. S. 65ff
[106] Schmidt (2016a) S. 44f

mit den Problemmustern assoziiert, man kreist um das Problem, es fallen einem meist nur noch Lösungsstrategien ein, die das Problem geradezu stabilisieren oder verstärken, 'die Lösung wird zum Problem' (Watzlawick, Weakland u. Fish 1971). Der Fokus ist dann eingeengt wie bei einer klassischen Fixationshypnose, die unwillkürlich mit dem Problemerleben assoziierten Muster herrschen vor."[107]

Es handle sich weiterhin bei einer *Problemtrance* um ein Erleben, welches „von denen, die es erleben, letztlich selbsthypnotisch produziert wird durch die Art, wie sie ihre Wahrnehmung organisieren, wie sie Zielvisionen aufbauen und wie sie dabei versuchen, das Problem zu lösen."[108]

Im Zuge dieser unwillkürlich ablaufenden selbsthypnotischen Problemtranceinduktionen spiele oftmals auch die Orientierung der Betroffenen an unerreichbaren Zielvisionen oder SOLL-Werten eine große Rolle, „die sie aus eigener Kraft oder grundsätzlich nicht erreichen können (jedenfalls nicht in der geplanten Zeit, mit den zur Zeit zur Verfügung stehenden Mitteln etc.)."[109]

Schmidt folgert daraus: „Ein Problem kann also nur aufrechterhalten werden dadurch, dass a) die gravierende Diskrepanz zwischen Ist und Soll z. B. durch die beschriebenen Beiträge aufgebaut wird und b) dann Lösungsversuche unternommen werden, die nicht zum Ziel führen, und c) dennoch an diesen Zielen festgehalten wird und man mit gerade solchen Lösungsversuchen, die bisher schon nicht das Gewünschte erbracht haben, weiter Abhilfe zu erreichen versucht"[110] wird.

Es ist demnach also als hilfreich anzusehen, realistische und erreichbare Zielvisionen zu kreieren bzw. zu etablieren um der Entstehung von *Problemtrancen* vorzubeugen bzw. diese in *Lösungstrancen* umzuwandeln.

---

[107] Schmidt (2016a) S. 45
[108] Schmidt (2016a) S. 59
[109] Schmidt (2016a) S. 64
[110] Schmidt (2016a) S. 64

4.4 Reframing

Ein wichtiges therapeutisches Instrument innerhalb des hypnosystemischen Ansatzes und vieler anderer Therapieschulen (wie z. B. dem NLP, der Systemischen Therapie[111] und der Hypnotherapie[112], etc.) ist das sogenannte *Reframing*, (engl: „Umdeuten"[113]) welches nach Hesse wie folgt erklärt werden kann:

> „Reframing bedeutet nun zuerst einmal das Auswechseln des Rahmens, in dem ein Mensch die Geschehnisse wahrnimmt. Damit verändert sich die Bedeutung und damit wiederum die Reaktionen und spezifischen Verhaltensweisen des Menschen. Ereignisse werden umgedeutet, dem Klienten wird ein neuer Blickwinkel auf ein Ereignis, Problem, Symptom, o. ä. erschlossen."[114]

Connirae und Steve beschreiben das Reframing an folgendem Beispiel: „Zwei wilde Pferde zu haben, ist eine gute Sache, solange man sie nicht im Zusammenhang mit dem gebrochenen Bein des Sohnes sieht. Das gebrochene Bein scheint etwas Schlechtes im Zusammenhang mit dem friedlichen Dorfleben, aber im Zusammenhang von Rekrutierung und Krieg wird es plötzlich etwas Gutes."[115]

In diesem Sinne werden im hypnosystemischen Ansatz Symptome, bzw. Symptomerleben oder Probleme bzw. Problemerleben immer auch als wertzuschätzende „Botschafter unbewussten Wissens"[116] bzw. Kompetenzen für die Befriedigung von Bedürfnissen betrachtet bzw. gerahmt[117] und sind deshalb „keineswegs als Ausdruck von Unfähigkeit"[118] zu betrachten.

Schmidt weist zudem daraufhin, dass der Kontext in dem Phänomene betrachtet bzw. gerahmt werden weitreichende Folgen hat:

---

[111] Vgl. Schlippe, A. von; Schweitzer, J. (1997): Lehrbuch der systemischen Therapie und Beratung. (3., durchgesehene Auflage) Göttingen: Vandenhoeck & Ruprecht, S. 177–181
[112] Vgl. Gerl, W. (2015a): Reframing. In: Revenstorf, D.; Peter, B. (Hrsg.): Hypnose in Psychotherapie, Psychosomatik und Medizin. Manual für die Praxis. (3. Auflage) Heidelberg: Springer-Verlag, S. 253–264
[113] Connirae, A.; Steve, A. In: Bandler, R.; Grinder, J. (1988): Reframing. Ein ökologischer Ansatz in der Psychotherapie (NLP). Paderborn: Junfermann-Verlag, S. 13
[114] Hesse, P. U. (2000): Teilearbeit: Konzepte von Multiplizität in ausgewählten Bereichen moderner Psychotherapie. (1. Auflage) Heidelberg: Carl-Auer-Systeme Verlag, S. 36
[115] Connirae; Steve (1988) S. 13
[116] Schmidt (2016a) S. 89
[117] Vgl. Schmidt (2016a) S. 93
[118] Schmidt (2016a) S. 89

„Alles gewinnt seine Bedeutung, seinen Sinn und seine Wirkung erst in seinem Situationszusammenhang, seinem (ökosystemischen) Kontext. Werden verallgemeinernde, aus den jeweiligen Kontexten gerissene Beschreibungen vorgenommen, etwa bei psychopathologischen oder Organisationsdiagnosen, erscheinen viele Phänomene in ihrem Sinn nicht mehr verstehbar. [...] Ob zum Beispiel etwas als Kompetenz, als verstehbarer, womöglich wertschätzbarer Lösungsversuch oder gar als adäquate Lösung für bestimmte Ziele unter bestimmten Situationsbedingungen verstanden werden kann oder ob genau das gleiche Phänomen eher als Inkompetenz, Krankheit, Versagen gesehen wird, hängt ausschließlich vom Kontextrahmen ab, in den man es stellt und in dem man es sieht."[119]

Daraus folgernd empfiehlt Schmidt, dass „die relevanten Beobachter alle Phänomene so beschreiben und so mit Zielaspekten und Kontextbedingungen in Zusammenhang stellen [sollten], dass sichtbar werden kann, für was (z. B. für welche Ziele, für welche Situationen) ein bestimmtes Verhalten überhaupt als Kompetenz verstanden werden könnte (Prinzip der *Kontextualisierung* und der *Utilisation*)."[120]

In diesem Sinne hebt Gilligan hervor, dass „Symptomäußerungen [...] als gültige hypnotische Phänomene [...] [betrachtet werden können], die durch die psychologischen Kontexte, in denen sie vorkommen, entwertet werden. Der Therapeut versucht daher, interpersonale und intrapersonale Beziehungskontexte zu entwickeln, in denen dieselben Vorgänge Bestätigung finden, indem sie als legitime autonome Äußerungen des Unbewußten (z. B. als Trancephänomene) definiert und als Ausgangsbasis für Problemlösungen und Integrationen des Selbst genutzt werden."[121]

Schmidt weist analog dazu auf die Wichtigkeit hin die „Sinnhaftigkeit und Kompetenz in den Problemmustern"[122] oder auch Problemtrancen zu würdigen und diese im therapeutischen Prozess herauszuarbeiten und nutzbar zu machen.

---

[119] Schmidt (2016a) S. 53
[120] Schmidt (2016a) S. 54
[121] Gilligan (1995) S. 67
[122] Schmidt (2016a) S. 112

4.5 Utilisationsprinzip

Als essentielles Prinzip der Erickson'schen Hypnotherapie[123] wird die *Utilisation* betrachtet, die auch im hypnosystemischen Ansatz Anwendung findet. Trenkle beschreibt dieses Prinzip wie folgt:

> „Utilisation – meist als 'Nutzbarmachung' übersetzt[,][...] beinhaltet, dass alle Eigenschaften oder auch Eigentümlichkeiten, die ein Patient mitbringt, als mögliche Ressource zur Erreichung therapeutischer Ziele genutzt werden können. Symptome werden nicht primär analysiert, diagnostiziert und 'in die Akte geschrieben', sondern das Augenmerk gilt der Möglichkeit, deren Veränderungspotenziale zu entdecken. Auf den ersten Blick bizarr wirkende Symptomaspekte können so Ausgangspunkt für Veränderungsprozesse werden."[124]

Im hypnosystemischen Ansatz wird im Sinne des Utilisationsprinzips „jedes Phänomen, welches von den Klientinnen angeboten wird, sollten aber auch eigene Beiträge, eigenes Erleben der Therapeutinnen und Beraterinnen jeweils so beschrieben, bewertet und es soll damit so umgegangen werden, dass dies alles als Kompetenz für Bedürfnisse behandelt werden kann, die für die Zielverwirklichung zu berücksichtigen sind und genutzt werden sollten."[125]

Somit ist also die Nutzbarmachung von Erlebensphänomenen auf beiden Seiten des Beratungssystems (KlientIn und BeraterIn) möglich und zieldienlich für den therapeutischen Prozess.

Schmidt betont, dass im „Sinne des Prinzips der Utilisation [...] auch die Teilbereiche des Erlebens [nutzbar gemacht werden können], welche gegensätzlich erscheinende Wünsche und Werte repräsentieren. Diese Teilbereiche lassen sich im Sinne einer multikulturellen Koexistenz organisieren. Damit die auftretenden Erlebnisphänomene zieldienlich genutzt werden können, sollte jeder Impuls [...] zunächst als wertvolle Information über berechtigte Bedürfnisse verwertet werden, [...] dann aber sollte geprüft werden, welcher Umgang (welche Art des Lösungsversuchs) damit eher zieldienlich und lösungsförderlich und welche Art eher destruktiv und problemstärkend wäre."[126]

---

[123] Vgl. Trenkle, B. (2015): Utilisation. In: Revenstorf, D.; Peter, B. (Hrsg.): Hypnose in Psychotherapie, Psychosomatik und Medizin. Manual für die Praxis. (3. Auflage) Heidelberg: Springer-Verlag, S. 95–99.
[124] Trenkle (2015) S. 96
[125] Schmidt (2016a) S. 93
[126] Schmidt (2013) S. 186

Schmidt betont zudem als weitere Utilisationsform „die therapeutische Nutzung positiver Lebenserfahrungen der PatientInnen [...] [die oft] als 'Utilisation von Ressourcen' bezeichnet [...][wird]. Eine Variation davon ist z. B. das Fragen nach bisherigen hilfreichen Erfahrungen (dabei geht es um gewünschte Ausnahmen vom Problem). Sie enthalten wichtige zieldienliche Informationen. Berichten KlientInnen dann über solche Erfahrungen (man findet sie immer), können sie genutzt werden als Hilfe für die nächsten Schritte zum Ziel."[127]

Im Sinne des Utilisationsprinzip könne auch "[e]ine kritische Haltung der Klienten gegenüber der Therapie oder den Therapeuten [...] wertschätzend als verantwortungsbewusste Haltung definiert werden. Der Klient achtet dadurch differenziert darauf, welche Bedingungen und welche seiner Bedürfnisse für eine optimale Kooperation (z. B. für eine noch stimmigere Ziel- und Auftragsklärung) berücksichtigt werden sollten."[128] Dementsprechend wird im hypnosystemischen Kontext im Gegensatz zu anderen Therapieschulen wie der *Psychoanalyse* auch nicht vom „Widerstand"[129] des Klienten gesprochen.

Zusammenfassend könne somit mittels *Utilisation* und der daraus resultierenden „Haltung jedes in der Kooperation auftauchende Phänomen konstruktiv genutzt werden"[130].

4.6 Mutiplizitätskonzept „Seiten"-Modell

Der hypnosystemische Ansatz nutzt als eine spezielle Form des *Reframing*[131] ein Multiplizitätskonzept das als „Seiten"-Modell, „Modell der 'inneren Familie' oder des 'inneren Parlaments'"[132] beschrieben werden kann und den therapeutischen Umgang mit Persönlichkeitsanteilen ermöglicht:

> „Wir gleiten ständig von einem Bewusstseinszustand zum nächsten, mit jeweils unterschiedlichen physiologischen, kognitiven und emotionalen Mustern, so als ob wir multiple Persönlichkeiten seien, mit multiplen Seiten oder 'Anteilen'. Der jeweilige Bewusstseinszustand

---

[127] Schmidt (2016a) S. 93
[128] Schmidt (2013) S. 186
[129] Vgl. Thomä, H.; Kächele, H. (2006): Psychoanalytische Therapie. Grundlagen. (3., überarbeitete und aktualisierte Auflage) Heidelberg: Springer Medizin Verlag. S. 120f
[130] Schmidt (2016a) S. 94
[131] Vgl. Abschnitt 3.4
[132] Schmidt (2013) S. 195

ist dann eine vorübergehende Identifikation des bewussten 'Ich' mit einer der vielen Seiten."[133]

Hesse konstatiert hierzu, dass „Schmidts Grundthese ist, dass externale Beziehungssysteme wie die Familie, Gruppen usw. ihre Entsprechung finden in der inneren Abbildung als internale Beziehungssysteme. Im inneren System finden ebenso Symptome, Probleme, Krankheiten ihre Entsprechung, so kann man z. B. bei einem depressiven Patienten die Depression in seinem inneren System genauso als Teil mit eigener Stimme und dem Verfolgen eigener Interessen dastehen lassen, wie z. B. ein Mitglied der Familie. Das Symptom wird dabei ähnlich wie ein Angehöriger gesehen, als eine beziehungsgestaltende Kraft, quasi eine Intervention in den Beziehungen[...]. Systemisches Arbeiten bezieht sich immer darauf, Unterschiede herauszuarbeiten, so dass die Arbeit mit einem Symptom - folgt man dieser Sichtweise – erleichtert wird."[134]

Schmidt empfiehlt zum praktischen Umgang mit dem „Seiten"-Modell, dass es sich „[a]ls besonders effektiv erweist [...], den KlientInnen anzubieten, die leidvollen Prozesse als das Erleben einer 'Seite' von ihnen anzubieten. Dies wird ihnen meist augenblicklich plausibel, da sie fast immer das erlebte Leid sofort innerlich kommentieren, meist mit Ärger, Wut, Verzweiflung und Selbstbeschimpfungen. Auch diese Prozesse werden als Ausdruck einer (allerdings anderen) Seite definiert, sodass beschrieben werden kann, dass eine Seite leidet oder das Leid macht, eine andere aber gerade dies bekämpft. Die Beschreibung von Seiten führt sofort zu einer befreienden Dissoziation, die leidvollen Prozesse werden in entlastender Weise als weiter weg vom 'Ich' erlebt, die Identifikation mit dem Leidvollen wird drastisch reduziert, wodurch das erlebte Leid intensiv verringert werden kann."[135]

Durch das Reframing mittels des „Seiten"-Modells können somit Phänomene des Erlebens handhabbar, besser verstehbar und therapeutisch nutzbar gemacht werden.

Schmidt weist darauf hin dass es „[i]nzwischen [...] diverse ähnliche Modelle"[136] wie z.B das Konzept des „inneren Teams" von Schulz von Thun oder das Modell der „Internal Family Systems"

---

[133] Schmidt (2013) S. 195
[134] Hesse (2000) S. 40–41
[135] Schmidt (2016a) S. 96
[136] Schmidt (2016a) S. 96

von Schwartz[137] gibt. Auch das Modell der Ego-State-Therapie[138] weist erhebliche Ähnlichkeiten zum vorgestellten Multiplizitätskonzept auf.

4.7 KONSTRUKTIVISMUS UND ERLEBENSERZEUGUNG

Als wichtige Grundannahme bzw. Basis des hypnosystemischen Ansatzes und anderer Therapieschulen ist der *Konstruktivismus* zu betrachten.[139]

Peter beschreibt das Prinzip des *radikalen Konstruktivismus* folgendermaßen:

> „Was wir subjektiv als Wirklichkeit erleben, ist kein getreues Abbild der Welt, wie im naiven Realismus noch angenommen. Unser Gehirn verarbeitet auch nicht einfach externe Reize zu sinnvollen Informationen, wie in der Informationsverarbeitungstheorie postuliert. Die zentrale Aussage des radikalen Konstruktivismus (von Glasersfeld 1981, 1992) lautet, dass unser kognitives System semantisch geschlossen und nur energetisch offen ist: Externe Reize bilden nur energetische Randbedingungen für jene Inhalte, welche das kognitive System selbstreferenziell – immer nur auf sich selbst bezogen – erzeugt. Das heißt, dass alle Wahrnehmungen, die wir als von außen kommend erleben, intern generiert sind, dass alle Bedeutungen, die wir in den externen Dingen als a priori gegeben annehmen, von uns konstruiert und dann auf oder in die Dinge hinein projiziert sind. Der radikale Konstruktivismus gibt also die Forderung auf, die wahre Welt wirklich oder objektiv erkennen zu können. Dafür fordert er, dass Wissen viabel sein muss, d. h., es muss in die Erfahrungswirklichkeit des Menschen passen." [140]

Der *soziale Konstruktivismus* beschäftigt sich nach Schmidt „damit, wie jeweils Realitäten in wechselseitigem Austausch, in gemeinsamem Aushandeln der Beteiligten konstruiert werden."[141]

Der Konstruktivismus geht den beiden Zitaten folgend davon aus, dass das subjektive Realitätserleben des Subjekts oder auch von Systemen bestehend aus mehreren Subjekten Produkt von ständig ablaufenden Realitätskonstruktionsprozessen ist.

---

[137] Vgl. Hesse (2000) S. 20–34
[138] Vgl. Watkins, H. H.; Watkins, J. G. (2003). Ego-States -Theorie und Therapie. (1. Auflage) Heidelberg: Carl-Auer-Systeme Verlag, S. 45–59
[139] Vgl. Schmidt (2016a) S. 50
[140] Peter, B. (2015): Hypnose und die Konstruktion von Wirklichkeit. In: Revenstorf, D.; Peter, B. (Hrsg.): Hypnose in Psychotherapie, Psychosomatik und Medizin. Manual für die Praxis. (3. Auflage) Heidelberg: Springer-Verlag, S. 38
[141] Schmidt (2016a) S. 50

Ziel von Therapie und Beratung liegt dann darin, bei autonomen Konstruktionsprozessen von lösungs- oder zielförderlichen bzw. heilsamen Realitätskonstruktionen der KlientInnen zu unterstützen, indem alternative Realitätskonstruktionen angeboten werden. Die KlientInnen können diese dann auf Stimmigkeit überprüfen und dementsprechend annehmen oder ablehnen:

> „So werden die TherapeutInnen und BeraterInnen quasi zu RealitätenkellnerInnen, also KooperationspartnerInnen, die diverse Realitäten wie ein Menü anbieten, wobei die Gäste (KlientInnen) völlig frei auswählen. Dies ist das Rollenverständnis, mit dem ich meine Arbeit seit langer Zeit beschreibe, um zu dokumentieren, welches Rollenverhalten mir am ehesten geeignet erscheint, eigene Kompetenz des Beraters zu verbinden mit bestmöglicher Unterstützung eigenständiger, kompetenter Such- und Findeprozesse bei den KlientInnen."[142]

Schmidt empfiehlt hierzu ein „Realitätskonstruktionsmodell"[143], welches versucht die Entstehung, Aufrechterhaltung und Auflösung von Problemen, Problemmustern bzw. deren Realitätskonstruktionen zu erklären.[144]

Dieses Modell besagt, „dass zunächst im Erleben eine Art innere Aufspaltung erfolgen muss, damit ein Problem erfahren werden kann. Das quasi 'pure' Erleben muss dualistisch geteilt werden in einen erlebten Ist-Zustand und ein davon abweichendes Soll. [...] Dafür müssen z. B. sowohl Ist als auch Soll [...] auf bestimmte Art beschrieben, benannt werden, erklärt werden etc. Solche Prozesse der Beschreibung, Benennung, Bewertung, der damit verbundenen Schlussfolgerungen und Lösungsversuche werden subjektiv meist als einzig denkbare 'Wahrheit' erlebt, wenn sie jemand produziert. Sie sind aber nur selbst gewählte Beiträge zu Realitätskonstruktionen, die verändert werden können."[145]

So beschreibt Schmidt, dass z. B. bereits die Veränderung der Beschreibung eines als negativ empfundenen Erlebens von KlientInnen positive Auswirkungen auf das aktuelle Erleben haben können:

> „Wenn sich jemand z. B. so beschreibt: 'Ich bin immer so depressiv, nie geht es mir einmal gut, ich will ja mehr leisten, aber ich bin einfach so unfähig, ich bin nur eine Belastung für andere, und ich habe schon alles versucht, nichts hilft, ich bin ein hoffnungsloser Versager,

---

[142] Schmidt (2016a) S. 90
[143] Schmidt (2016a) S. 112
[144] Vgl. Schmidt (2016a) S. 58–67
[145] Schmidt (2016a) S. 61

am besten, ich entlaste die Umwelt von mir ...', dann ist dies keine Wahrheit, obwohl ihm dies subjektiv so erscheint, aber eine sehr leidvoll wirkende Realitätskonstruktion. In ihr werden z. B. alle Informationen über Unterschiede im unwillkürlichen Erleben (die es immer gibt) völlig ausgeblendet, damit aber auch schwerer zugänglich. Schon wenn man sagen würde, ich bin dies alles 'zurzeit', würde das sofort ein anderes Erleben erzeugen, würde man sich z. B. dann als traurig, zurzeit eher mutlos definieren oder als jemand, der zurzeit berechtigterweise etwas Hilfe brauchen könnte, würde dies weiter viele Änderungen des Erlebens bewirken."[146]

Analog dazu kann aus hypnosystemischer Sichtweise auch z. B. mit ICD-10-Diagnosen umgegangen werden, die oftmals eine pathologisierende und *Problemtrance*-fördernde Wirkung entfalten.[147] So können die KlientInnen darüber informiert werden, dass eine Diagnose lediglich als eine Realitätskonstruktion zu betrachten sei und „nichts darüber aussagt, wie die Klientinnen 'sind', sondern nur den Ausschnitt möglicher Perspektiven darstellt, den die Kassen als Bedingung für ihre Aktivität verlangen. Wollen die Klientinnen diese Beteiligung der Kassen, dann sind das eben die zu achtenden Vertragsbedingungen."[148]

Die oftmals negative Wirkung der Realitätskonstruktion „Diagnose" auf das Erleben der KlientInnen wird dann anschließend utilisiert um den „KlientInnen erfahrbar zu machen, dass es ihnen nicht einfach so oder so 'geht', sondern dass dies jeweils in direktem Zusammenhang steht mit den gewählten Beschreibungen, Bewertungen, Erklärungen in Bezug auf sie etc."[149]

Daran anknüpfend werden dann kompetenzfokussierende und ressourcenorientierte Realitätskonstruktionen bezüglich des Erlebens angeboten, die von den KlientInnen auf Stimmigkeit überprüft werden können und somit Wahlmöglichkeiten bezüglich der stimmigsten Realitätskonstruktion für die KlientInnen entstehen.[150]

---

[146] Schmidt (2016a) S. 68
[147] Vgl. Schmidt (2016a) S. 78
[148] Schmidt (2016a) S. 77
[149] Schmidt (2016a) S. 78
[150] Vgl. Schmidt (2016a) S. 78f

4.8 Autopoiese

Als weitere wichtige Grundannahme des hypnosystemischen Ansatzes und der systemischen Therapie ist das ursprünglich aus der Biologie stammende Konzept der *Autopoiese* „(aus dem Griechischen, wörtlich 'Selbst-Erzeugung')"[151] zu betrachten, das übertragen wurde auf soziale Systeme und psychotherapeutische Kontexte.[152]

Diesem Konzept nach sind „[b]ei allen Lebewesen [...] deren Komponenten zu einer autopoetischen, also sich selbst erzeugenden Organisation verknüpft. Sie produzieren und reproduzieren beständig sowohl ihre einzelnen Elemente als auch die Organisation der Beziehungen zwischen diesen Elementen in einem selbstrückbezüglichen (rekursiven) Prozeß"[153].

Diese Sichtweise übertragen auf Arbeitsfelder wie z. B. Psychotherapie und Beratung bedeutet, dass das jeweilige Verhalten von KlientInnen egal wie es auch ausfällt prinzipiell als sinnhaft, im Sinne von „zu deren Struktur passend, für deren Überleben nützlich anzusehen"[154] ist.

Ausserdem ist der *Autonomie*-Begriff im Konzept der Autopoiese als zentral zu erachten:

> „Lebende Systeme erzeugen, regulieren und erhalten sich selbst, sind also von außen nicht determinierbar (zumindest nicht konstruktiv, denn natürlich kann eine Kraft von außen auf das System in einer Weise einwirken, daß es zugrunde geht). Diese Vorstellung der Autonomie bringt es mit sich, daß lebende Systeme als nicht verfügbar angesehen werden. A kann nicht einseitig bestimmen, was B tun, erleben oder denken möge: 'Instruktive Interaktion' ist nicht möglich. Welche Zwangsmaßnahmen man auch immer anwenden mag, man kann einen Menschen etwa nicht dazu zwingen, einen anderen zu lieben oder 'freiwillig und gern' mit ihm zusammenzuleben."[155]

Schmidt betont übereinstimmend, „dass kein autonomes lebendes System durch welche Kontextänderung auch immer grundsätzlich zu einem bestimmten Erleben gezwungen werden kann, sondern ihm immer autonome Antwortmöglichkeiten bleiben."[156]

Unter Berücksichtigung der Forschungsergebnisse der Hirnforschung und der Autopoieseforschung von Maturana und Varela, die dies nach Schmidt bestätigen, folgt daraus, dass fälschliche Kli-

---

[151] Schlippe; Schweitzer (1997) S. 67
[152] Vgl. Schlippe; Schweitzer (1997) S. 268
[153] Schlippe; Schweitzer (1997) S. 67f
[154] Schlippe; Schweitzer (1997) S. 68
[155] Schlippe; Schweitzer (1997) S. 69
[156] Schmidt (2016a) S. 67

schees und Allmachtsphantasien bezüglich der unbegrenzten Manipulierbarkeit von KlientInnen unter Hypnose durch den in der Hierarchie „oben" stehenden hypnotisierenden Therapeuten nicht realistisch und zieldienlich erscheinen.[157] Zumal diese Sichtweise und Haltung auch aus ethischen Erwägungen aus Perspektive des Verfassers vorliegender Arbeit sehr fraglich erscheint.

Vielmehr sei daraus resultierend nach Schmidt eine kooperierende, wertschätzende und achtungsvolle Beziehung auf Augenhöhe zwischen KlientIn und TherapeutIn bzw. BeraterIn anstrebenswert, die immer die Klientenautonomie berücksichtigt.[158]

Hierin liege auch ein großer Unterschied des hypnosystemischen Ansatzes gegenüber der Erickon'schen Hypnotherapie[159] und der systemisch-lösungsfokussierten Therapie und Beratung nach Steve de Shazer, die beide oftmals mit Intransparenz gegenüber dem/der KlientIn vorgehen, was aus hypnosystemischer Sichtweise zu vermeiden bzw. unterlassen ist.[160]

4.9 Potenzialhypothese und Aufmerksamkeitsfokussierung

Als weitere grundlegende Annahme des hypnosystemischen Ansatzes muss die *Potenzialhypothese* angesehen werden, die davon ausgeht „dass grundsätzlich jeder Mensch praktisch immer schon alle Kompetenzen [oder auch Ressourcen genannt] für eine hilfreiche Lösung als Potenzial in sich trägt, auch wenn dies oft zunächst schwer zugänglich sein mag, da die hauptsächlich und zur jeweiligen Zeit am meisten aktivierten Synapsennetzwerke zunächst noch dominieren."[161]

Dieser ressourcenorientierten Sichtweise[162] folgend sind Umfokussierungsprozesse notwendig um Kompetenzmuster und Res-

---

[157] Vgl. Schmidt (2016a) S. 15 und Vgl. Schmidt (2013) S. 40f;
Siehe hierzu auch: Schmidt, G. (2016b): Das Orchester der Sinne nutzen für erfolgreiche „Lösungssinfonien" - Hypnosystemische multisensorische Strategien für kraftvolle ganzheitliche Lösungen. In: Bohne, M.; Ohler, M.; Schmidt, G.; Trenkle, B. (Hrsg): Reden reicht nicht!? Bifokal-multisensorische Interventionsstrategien für Therapie und Beratung. (1. Auflage) Heidelberg: Carl-Auer-Systeme Verlag, S. 186
[158] Vgl. Schmidt (2016b) S. 185–187
[159] Siehe hierzu exemplarisch: Bandler; Grinder (1984) S. 98ff
[160] Vgl. Schmidt (2013) S. 115f und Vgl. Schmidt (2016a) S. 96f
[161] Schmidt (2016a) S. 38
[162] Vgl. Gerl, W. (2015b): Ressourcen- und Zielorientierung. In: Revenstorf, D.; Peter, B. (Hrsg.): Hypnose in Psychotherapie, Psychosomatik und Medizin. Manual für die Praxis. (3. Auflage) Heidelberg: Springer-Verlag, S. 90

sourcen die bereits im Erfahrungs- und Erlebnisrepertoire des/der KlientIn abgespeichert sind zu reaktivieren.[163] Diese Kompetenzmuster können dann utilisiert werden „für eine gesunde Auflösung von psychischen, psychosomatischen und/oder interaktionellen Problemen"[164].

Je nach Ausrichtung des Aufmerksamkeitsfokusses, der das momentane Wirklichkeitserleben bestimmt, kann somit zwischen den verschiedensten möglichen Erlebnispotenzialen gewechselt werden und man „wird [...] partiell zu jemand anderen, springt praktisch eine unserer vielen möglichen Persönlichkeitsvarianten ins Bewusstsein und übernimmt die 'Regierungsfunktion' [...]. Quasi gibt es uns gar nicht als statische Wesen, wir er-finden und er-zeugen uns eigentlich Sekunde für Sekunde unseres Er-Lebens durch Fokussierung von Aufmerksamkeit."[165]

Eine Möglichkeit der Aufmerksamkeitsumfokussierung liegt nach Schmidt in der Veränderung der Position, aus der heraus etwas wahrgenommen wird. So kann einerseits Erleben eher *assoziiert* wahrgenommen werden, was mit sich bringt, das Erleben als sehr „real" wahrzunehmen und auch körperlich dementsprechend stark darauf zu reagieren, aber auch eher *dissoziiertes* Wahrnehmen des Erlebens ist möglich, was Distanz zum Erleben schafft und mögliche Handlungsoptionen eröffnet.[166]

Dementsprechend ist aus hypnosystemischer Sichtweise das intensive Betrachten von unerwünschtem oder belastendem Erleben nur dann sinnvoll, wenn sich dabei die „Beobachterposition von assoziiert zu mehr dissoziiert"[167] verlagert und somit zusätzliche Wahlmöglichkeiten für die KlientInnen entstehen.

Davon abgesehen ist prinzipiell das *Assoziieren* mit gewünschtem Erleben bzw. Ressource- oder Kompetenzmustern Ziel des hypnosystemischen Ansatzes.[168]

---

[163] Vgl. Schmidt (2016a) S. 36–39
[164] Schmidt (2016a) S. 38f
[165] Schmidt (2016a) S. 39
[166] Vgl. Schmidt (2016a) S. 36–39
[167] Schmidt (2016a) S. 38
[168] Vgl. Schmidt (2016a) S.108f

4.10 Der Körper als „kluge" Ressource

Große Wichtigkeit hat im hypnosystemischen Ansatz außerdem der Körper bzw. Organismus als „kluge intuitive Steuerungsinstanz"[169] bzw. Ressource, die konsequent in den therapeutischen Prozess einbezogen wird.[170]

So wird der Organismus unter anderem für die intuitive Stimmigkeits- bzw. Viabilitätsprüfung von angebotenen Realitätskonstruktionen[171] genutzt. Hierbei wird das intuitive Körper-Feedback in Form von sogenannten *somatischen Markern* genutzt, welches „viel präziser [ist], als dies jede kognitive Einschätzung [sein] könnte"[172]. Somit erhalten unwillkürliche Körperreaktionen, die oftmals als unerwünscht, bekämpfenswert und pathologisch empfunden werden eine sinnstiftende Funktion und Würdigung und können somit als hilfreiche Botschafter für den therapeutischen Prozess genutzt werden.[173]

Zudem kann nach Schmidt mittels bewusster Beeinflussung der Körperkoordination ein intuitives Stimmigkeitserleben verbunden mit der Aktivierung von Kompetenzmustern erreicht werden. „Dabei zeigt es sich praktisch immer, dass diese zunächst nur willkürliche Änderung der Körperkoordination nach kurzer Zeit zu einer erheblichen Verbesserung der unwillkürlichen Prozesse insgesamt beiträgt"[174], was bemerkenswert ist, da somit eine willkürliche Einflussnahme auf unwillkürliche Prozesse möglich wird.[175]

Des Weiteren eröffnet sich die Interventions-Möglichkeit der „Problemlösungsgymnastik"[176], bei der bewusst absichtlich bzw. „willkürlich einmal (am besten sogar leicht übertrieben) die Körperkoordination [eingenommen wird], die sonst unwillkürlich mit dem Problemerleben einhergeht"[177], was zur Folge hat, dass das bisher unwillkürlich ablaufende Muster mehr auf willkürlicher Ebene wahrgenommen werden kann und in der Folge beeinflussbar wird.

---

[169] Schmidt (2016a) S. 114
[170] Vgl. Schmidt (2016a) S. 113–116
[171] Siehe Kapitel 3.7
[172] Schmidt (2016a) S. 90
[173] Vgl. Schmidt (2016a) S. 113–115;
Siehe hierzu auch: Wagner, J. (2016): Die Beziehung zur eigenen Symptomatik. Entwicklung eines Konstrukts im hypnosystemischen Konzept. (Unveröffentlichte Masterarbeit) Psychologisches Institut der Ruprecht-Karls-Universität Heidelberg, S. 23–24
[174] Schmidt (2016a) S. 115
[175] Vgl. Schmidt (2016a) S. 115
[176] Schmidt (2016a) S. 116
[177] Schmidt (2016a) S. 115

Anschließend kann dann von der „Problem-Körper-Koordination" hin zur „Lösungs-Körper-Koordination" gewechselt werden, was eine Unterbrechung des Problemmusters und den Aufbau von neuen Transfermustern ermöglicht und die „bisherige Dissoziation zwischen Problemmuster und den hilfreichen Lösungskompetenzen"[178] auflösen helfen kann.

Schmidt betont die besondere Effektivität dieser Intervention und hebt die stark *Lösungstrance*-induzierende Wirkung hervor, die sich ganz ohne die oftmals mit *Trance* assoziierten Phänomene wie z. B. „Entspannung, Katalepsie und einseitig nach innen gerichteter Aufmerksamkeit"[179] entfaltet.[180]

4.11 Forschung zum hypnosystemischen Ansatz

Zum aktuellen Zeitpunkt gibt es noch relativ wenig empirische Forschungsarbeiten zum hypnosystemischen Ansatz.[181] Auf Anregung durch Herrn Dr. Schmidt im Rahmen des Experteninterviews, welches im folgenden Kapitel dargestellt wird, wurden Forschungsarbeiten zum hypnosystemischen Ansatz beim sysTelios Gesundheitszentrum Siedelsbrunn erfragt. Der Verfasser vorliegender Arbeit wurde auf folgende Bachelor-, Master- bzw. Doktorarbeiten verwiesen, die sich mit dem hypnosystemischen Konzept auseinandersetzen und auf die auch im Rahmen dieser Arbeit kurz verwiesen wird:

Die Masterarbeit von Wagner beschäftigt sich zum Beispiel mit einem eigens kreierten Konstrukt der „Beziehung zur eigenen Symptomatik (BeS)", das in Form von Prä-Post-Messungen bei 30 KlientInnen des sysTelios Gesundheitszentrums Siedelsbrunn erhoben wurde und erste Hinweise für die Wirksamkeit des hypnosystemischen Ansatzes im stationären Setting gibt und die Wichtigkeit der Entwicklung einer positiven Beziehung zur eigenen Symptomatik hervorhebt.[182]

Die Bachelorarbeit von Neuser setzt sich mit dem Thema der Qualität bzw. Qualitätskriterien im Kontext stationärer hypnosystemisch optimierter Psychotherapie auseinander.[183]

---

[178] Schmidt (2016a) S. 116
[179] Schmidt (2016a) S. 116
[180] Vgl. Schmidt (2016a) S. 116
[181] Vgl. Lindart, M. (2016): Was Coaching wirksam macht. Wirkfaktoren von Coachingprozessen im Fokus. Wiesbaden: Springer Fachmedien, S. 144–146
[182] Vgl. Wagner (2016) S. 46–48
[183] Vgl. Neuser, M. P. (2014): Qualität im Kontext stationärer hypnosystemisch optimierter Psychotherapie: Eine konzeptionelle Annäherung am Beispiel des sysTelios Gesundheitszentrums. (Unveröffentlichte Bachelor-Arbeit) Psy-

Die Doktorarbeit von Herr beschäftigt sich mit der Ziel- und Ressourcenveränderung in der lösungs- und ressourcenorientierten Gruppentherapie. Hierzu wurden 36 KlientInnen ambulanter oder stationärer hypnosystemischer Gruppentherapie mittels Fragebogen vor, während und nach der Therapie befragt. Hierbei wurde unter anderem deutlich, dass eine „Ressourcenzunahme" im Prä-post-Vergleich bei den Klientinnen zu verzeichnen ist.[184]

Die Bachelorarbeit von Hack beschäftigt sich mit dem Konzept der Synergetik und der Systemtheorie. Hierbei wurden Ordnungsübergänge und Therapieergebnisse von 121 stationären hypnosystemischen Therapie-Prozessen analysiert.[185]

Neben diesen Arbeiten wurde in einer qualitativ angelegten Studie zu den Wirkfaktoren des hypnosystemischen Coachings geforscht. Hierzu wurden 8 hypnosystemisch arbeitende Coaches in problemzentrierten Interviews befragt. Diese Interviews wurden anschließend mittels qualitativer Inhaltsanalyse ausgewertet. Hierbei konnten unter anderem die bedeutsamsten Wirkfaktoren für hypnosystemisches Coaching identifiziert werden: *„Vertrauen, Ressourcenaktivierung, Zielklärung und -konkretisierung, Wertschätzung, Empathie und emotionale Unterstützung, Ergebnisorientierte Selbstreflexion, Fragenstellen* sowie *Zuhören"*[186]

Typisch hypnosystemische Spezifika seien der Studie nach die *Trancearbeit* und die *Aufmerksamkeitsfokussierung*.[187]

Wie aus der Übersicht über die bestehende Forschung zum hypnosystemischen Ansatz deutlich wird, gibt es noch großen Forschungsbedarf, um eine wissenschaftlich fundierte Untermauerung dieser mutmaßlich zukunftsträchtigen Konzeption zu verbessern, deren

---

chologisches Institut an der Ruprecht-Karls-Universität Heidelberg.
[184] Vgl. Herr, A. (2005): Ziel- und Ressourcenveränderung in der lösungs- und ressourcenorientierten Gruppentherapie. Eine Pilotstudie. (Unveröffentlichte Dissertation) Universität Heidelberg. S. 60–63; http://archiv.ub.uni-heidelberg.de/volltextserver/6574/1/Dissertation_Gesamtdokumen_richtig.pdf (abgerufen am 21.06.2017)
[185] Vgl. Hack, C. S. (2015): Synergetik und Systemtheorie in der Psychotherapieforschung. Eine Analyse der Beziehung zwischen Ordnungsübergängen und Therapieergebnissen in klinisch stationären Therapieprozessen im hypnosystemischen Setting. (Unveröffentlichte Bachelor Arbeit) Fakultät für angewandte Psychologie, SRH Hochschule Heidelberg.
[186] Lindart (2016) S. 218
[187] Vgl. Lindart (2016) S. 158–228

hohe Wirksamkeit unter anderem vom Neurobiologen Gerald Hüther betont wird.[188]

---

[188] Vgl. Hüther, G.; Dohne, K.-D. (2011): Wer sich weiterentwickeln will, kann nicht so weitermachen wie bisher. In: Leeb, W. A.; Trenkle, B.; Weckenmann; M. F. (Hrsg.): Der Realitätenkellner. Hypnosystemische Konzepte in Beratung, Coaching und Supervision. (1. Auflage) Heidelberg: Carl-Auer-Systeme Verlag, S. 50–52

5 Hypnosystemische Konzepte zum Umgang mit Prüfungsangst

Im folgenden Abschnitt werden hypnosystemische Konzepte zum Umgang mit Prüfungsangst thematisiert und vorgestellt. Dazu wird zunächst ein Überblick über die aktuelle Studienlage und Literatur zu hypnosystemischen und hypnotherapeutischen Konzepten der Prüfungsangst-Therapie gegeben. Anschließend wird ein durchgeführtes Experteninterview mit Dr. Gunther Schmidt zur Erhebung hypnosystemischer Interventionskonzepte zum Umgang mit Prüfungsangst vorgestellt und dessen Ergebnisse werden zusammengefasst dargestellt.

5.1 STUDIENLAGE UND LITERATUR ZU HYPNOSYSTEMISCHEN KONZEPTEN ZUM UMGANG MIT PRÜFUNGSANGST

Eine systematische Literatur-Recherche über die Suchmaske des *ZPID - Leibniz Institut*[189], bei der die Datenbanken des ZPID, PSYNDEX, SSG OPAC, Medline/Pubmed, Psychologie relevante bibliographische Datensätze der ERIC und andere Quellen durchsucht wurden, ergab am 19.05.17 keine relevanten Treffer für die Suche mit der Syntax: „hypnosystemisch" OR „hypno-systemisch" AND „Prüfungsangst". Es findet sich hierbei kein Treffer, der sich explizit mit der hypnosystemischen Arbeit mit dem Phänomen *Prüfungsangst* auseinander setzt.

Dementsprechend ist davon auszugehen, dass hier ein Mangel an Forschung bzw. Publikationen zu explizit diesem Thema vorliegt. Ein kleiner Beitrag diesen Mangel zu beheben, soll mittels vorliegender Arbeit getätigt werden.

Zur hypnotherapeutischen Arbeit mit dem Phänomen *Prüfungsangst* hingegen gibt es eine Vielzahl an Studien und Publikationen und dementsprechend auch Treffer bei der Suche über die Suchmaske des *ZPID - Leibniz Institut*.[190]

Die Therapeutin Piribauer gibt in ihrer Dissertation einen Überblick über die bestehende Forschung zum Thema der Hypnotherapie bei Prüfungsangst bzw. Prüfungsphobie im Einzel- und Gruppensetting. Aus der Übersicht wird deutlich, dass die vorliegenden Studien die zum Teil eine gute Wirksamkeit der hypnotherapeuti-

---

[189] https://www.zpid.de/PsychSpider.php
[190] Verwendete Suchsyntax: „Hypnose" OR „Hypnotherapie" AND „Prüfungsangst"

schen Behandlung der Prüfungsangst belegen, in unterschiedlichen Rahmenbedingungen und mit sehr unterschiedlichen Forschungsdesigns durchgeführt wurden und somit eine Vergleichbarkeit nur schwerlich möglich ist.[191]

In einer Metastudie der Milton Erickson Gesellschaft (MEG), die sich zum Zweck der wissenschaftlichen Erforschung und Verbreitung der seriösen klinischen Hypnose und Hypnotherapie gegründet hat, zur Wirksamkeit der Hypnotherapie bzw. der Kombination der beiden Verfahren *Verhaltenstherapie* und *Hypnotherapie*, zeigten sich signifikante Effektstärken in Höhe von 0.868 der „kombinierten Therapie" im Bereich der Prüfungsangst-Therapie.[192]

Eine andere Metastudie der MEG beschäftigt sich mit der Wirksamkeit der Hypnotherapie bei Angststörungen, die mit einigen Einschränkungen zu dem Ergebnis kommt, dass Hypnotherapie im Bereich bestimmter Angststörungen als ein der Verhaltenstherapie ebenbürtig wirksames Verfahren mit einer mittleren bis hohen spezifischen Wirksamkeit eingestuft werden kann.[193] Kritisch zu erwähnen ist hierbei, dass in diese Metastudie hauptsächlich Studien zur hypnotherapeutischen Behandlung von Phobien und speziell der Prüfungsangst eingeflossen sind[194], weshalb diese Aussage auf die Therapie von Prüfungsangst beschränkt werden sollte.

Was die wissenschaftlich nachweisbare Wirksamkeit von Hypnotherapie bei Angststörungen angeht, kann demgegenüber nach Hagl noch keine abschließende Beurteilung getroffen werden, da die hierzu vorliegenden Studien zu viele methodische Mängel aufwiesen.[195]

---

[191] Vgl. Piribauer, G. (2012): Hypnotherapie bei Prüfungsangst in der Erwachsenenbildung. Dissertation zur Erlangung des Doktorgrades der Psychotherapiewissenschaft an der Sigmund Freud Privatuniversität Wien, S. 119–129

[192] Vgl. Wais, K.; Revenstorf, D. (2008): Metaanalyse zur Wirksamkeit der Hypnotherapie. Elf kontrollierte Studien zu verschiedenen Störungen. In: Hypnose-ZHH, 3 (1+2), S. 66; http://www.meg-stiftung.de/index.php/de/component/phocadownload/category/1-artikel?download=34:hypnose-zhh-0804-wais (abgerufen am 22-05-2017)

[193] Vgl. Flammer, E. (2006): Die Wirksamkeit von Hypnotherapie bei Angststörungen. In: Hypnose und Kognition (HyKog), 22 (1+2), S. 174 und S. 194; http://www.meg-stiftung.de/index.php/de/component/phocadownload/category/1-artikel?download=25:hypnose-zhh-0604-flammer (abgerufen am 22-05-2017)

[194] Vgl. Flammer (2006) S. 194f

[195] Vgl. Hagl, M. (2015): Wirksamkeit von klinischer Hypnose und Hypnotherapie. In: Revenstorf, D.; Peter, B. (Hrsg.): Hypnose in Psychotherapie, Psychosomatik und Medizin. Manual für die Praxis. (3. Auflage) Heidelberg: Springer-Verlag, S. 788–790

Wenngleich eine abschließende Bewertung noch nicht möglich sein sollte, sprechen jedoch wie dargelegt einige Studien für die Wirksamkeit der Hypnotherapie bei der Prüfungsangst-Therapie.

5.2 EXPERTENINTERVIEW MIT DR. GUNTHER SCHMIDT

Zur Erhebung hypnosystemischer Konzepte zum Umgang mit Prüfungsangst bei Studierenden wurde ein Experteninterview mit Dr. Gunther Schmidt durchgeführt, welches im folgenden aufbereitet ist.

Die erhobenen Daten in Form einer digitalen Tonaufnahme und einer Transkription des Interviews[196] werden zusammengefasst und untergliedert wiedergegeben. Hierzu werden direkte und indirekte Zitate verwendet. Es wird jeweils der Verweis auf die entsprechende Stelle in der Audio-Datei in Form einer Zeitangabe (min:sek) bei kürzeren Sequenzen oder bei längeren Sequenzen (min:sek – min:sek) gegeben.

Herr Dr. Gunther Schmidt muss in diesem Kontext als Experte angesehen werden, da sein Funktionswissen als „Erfinder" des hypnosystemischen Ansatzes Gegenstand des Interviews war und nicht biografische Daten.

5.2.1 Zugang zum Feld

Der Feldzugang gestaltete sich in diesem Fall etwas komplizierter als im ersten dargestellten Interview. Den ersten direkten Kontakt mit Herrn Dr. Schmidt konnte ich im Rahmen einer Hospitation am sysTelios Gesundheitszentrum Siedelsbrunn im September 2016 herstellen, an dem Herr Dr. Schmidt die ärztliche Leitung innehat. Es handelt sich hierbei um eine private Akutklinik für Psychotherapie und Psychosomatik, die nach stringent hypnosystemischen Gesichtspunkten arbeitet und geführt wird.[197]

Während der Hospitation konnte ich sicherstellen, dass prinzipiell ein Interview möglich ist und lediglich noch ein geeigneter Zeitpunkt hierfür gefunden werden müsste. Letztlich konnte das Interview dann im Rahmen der Lehrtätigkeit von Herrn Dr. Schmidt in Berlin am 28.02.2017 durchgeführt werden.

---

[196] Schmidt, G. (2017): Unveröffentlichtes Experteninterview zum Thema „Prüfungsangst" vom 28.02.2017 (Audiodatei); Das Transkript dieses Interviews befindet sich im Anhang dieses Buches.

[197] Siehe hierzu http://www.systelios.de/klinik.html

5.2.2 Interviewleitfaden

Zur Vorbereitung auf das Interview wurde als Erinnerungsstütze ein Interview-Leitfaden erstellt, der folgende Fragen beinhaltete, die im Zuge des Interviews erfragt wurden. Es wurde hierbei die Reihenfolge und genaue Formulierung der Fragen zum Teil im Sinne des natürlichen Gesprächsverlaufs verändert:

1. Ist das Phänomen der Prüfungsangst als *Problemtrance* zu betrachten?
2. Welche Interventionsformen liefert der hypnosystemische Ansatz zum Umgang mit Prüfungsangst bei Studierenden?
3. Wie könnten diese Interventionen konkret aussehen?
4. Sind die vier Ebenen der Prüfungsangst nach Fehm & Fydrich (emotional, kognitiv, physiologisch, Verhalten) bei diesen Interventionen berücksichtigt?
5. Gibt es neuere Effektivitätsstudien zum hypnosystemischen Ansatz?[198]
6. Wie stehen Sie zu Konfusionstechniken und Intransparenz in der therapeutischen Arbeit?
7. Sind ihrer Ansicht nach in der therapeutischen Arbeit der Kollegin vom Studierendenwerk Berlin mittels Psychodrama implizite Tranceelemente bzw. hypnotherapeutische Effekte vorhanden, auch wenn die Kollegin dies verneint?

5.3 Interviewauswertung und Darstellung der Inhalte bzgl. der Fragestellungen

5.3.1 Hypnosystemische Einordnung des Phänomens Prüfungsangst

Das Phänomen der Prüfungsangst bzw. des Prüfungsangst-Erlebens kann aus hypnosystemischer Perspektive eindeutig als eine Form von Trance betrachtet werden, da hierbei stark unwillkürliches Erleben vorherrscht und somit das Hauptkriterium von Trance erfüllt ist. (03:40 – 04:15)

Da das Prüfungsangst-Erleben in nachvollziehbarer Weise als unerwünscht wahrgenommen wird, könnte man dieses Erleben somit als *Problemtrance* bezeichnen. Diese Bezeichnung bringt aber nach Schmidt eine Realitätskonstruktion und Aufmerksamkeitsfokussierung mit sich, die impliziert, dass es sich hierbei um ein „Problem" handele, was im eigentlichen Sinne nicht der Fall sei. Die Prüfungs-

---
[198] Siehe hierzu Abschnitt 4.11 und 5.1

angst ist vielmehr als ein „Lösungsversuch" in erlebten Gefährdungskontexten, oder als eine „Bedürfnis-Botschafter-Trance" zu betrachten, die auf zu würdigende Bedürfnisse nach Schutz, Sicherheit und Handlungsfähigkeit verweist und somit als Kompetenz betrachtet und genutzt werden sollte. Dementsprechend ist davon abzusehen, die Angst abzuwerten, diese zu pathologisieren oder zu problematisieren. Vielmehr sollte man sich mit den hinter der Angst liegenden Bedürfnissen beschäftigen.[199] (01:05 – 03:05)

5.3.2 Mögliche Interventionen

Aufbau einer Meta-Beobachter-Position
Schmidt betont im Kontext „Prüfungssituation" den Aspekt der Abhängigkeit und die Unmöglichkeit die Situation (wie z. B. die Prüfung selbst und die Reaktionen der Prüfer) als Betroffener kontrollieren zu können. Dementsprechend sei es nicht sinnvoll sich von diesem außen liegenden Zielkriterium und dem Ergebnis abhängig zu machen, da dies Teil dessen sei, „warum die Angst überhaupt entsteht", sondern den Fokus mehr „auf eigene Gestaltungsmöglichkeiten" zu legen.

Schmidt schlägt deshalb als eine wichtige Intervention den Aufbau einer Meta-Beobachter-Position vor.[200] Hierzu wird die *Trance* des Prüfungsangst-Erlebens rekonstruiert und somit „bewusster willentlich zugänglich [ge]macht" um in der Folge Strategien zu entwickeln um die dahinterliegenden Bedürfnisse befriedigen zu können. (03:05 – 05:00)

Umwertung der Angst und Zielneudefinition
Im Gegensatz zu der noch häufig in der ressourcenorientierten Hypnotherapie verbreiteten Strategie, die Angst durch Ressourcenaktivierung zu reduzieren[201] oder „wegzumachen", wird im hypnosystemischen Konzept mit der Angst gearbeitet bzw. diese umgewertet und explizt nicht „weggemacht".[202] Hierdurch könne viel besser mit Phänomenen, wie der „Angst vor der Angst" umgegangen werden, die im anderen Fall des „Wegmachens" noch vorhanden bleiben

---

[199] Siehe hierzu auch: Wagner (2016) S. 6–7
[200] Siehe hierzu auch: Schmidt (2016b) S. 191–194
[201] Siehe hierzu exemplarisch: Schwegler, C. (2014): Der hypnotherapeutische Werkzeugkasten. 50 hypnotherapeutische Techniken für gelungene Induktionen und Interventionen. (2. Auflage). Kaltenkirchen: Eigenverlag / Mad Man's Magic, S. 190–191
[202] Siehe hierzu auch: Schmidt (2016b) S. 187

würde und einen großen Aspekt der Problem-Aufrechterhaltung von Angst darstellt. (05:15 – 06:30)

Dementsprechend muss eine neue Zieldefinition kreiert werden, die selbstwirksam durch den/die KlientIn erreichbar ist, was beim Ziel „die Angst muss weg sein" nicht realistisch ist. In diesem Sinne schlägt Schmidt den KlientInnen exemplarisch folgende mögliche Zieldefinition vor: „Schauen Sie, ich bin kein Hellseher, aber ich würde davon ausgehen, wenn Sie das erfolgreich lösen, und da bin ich sehr zuversichtlich, dann werden Sie das lösen im Sinne, dass Sie es mit Angst lösen, nicht ohne! ... Sie lösen ihr Problem mit Angst – nicht ohne".

Hierdurch komme nach Schmidt „die Angst [...] von einem 'entweder-oder' in der Erwartungshaltung zu einem 'sowohl als auch'". (07:50 – 08:15)

Arbeit mit dem „Seiten"-Modell
Als weiteren Schritt schlägt Schmidt die Arbeit mit dem „Seiten"-Modell vor, bei der „die Angst" als „eine Seite" der Person definiert wird und nicht die gesamte Person umfasst: „Das sind nicht Sie, vergleichen Sie doch mal ... vergleichen Sie doch mal 'ich' oder 'eine Seite von mir' hat massiv Angst". (08:36 – 08:43) Hiermit kann nach Schmidt sehr schnell eine erleichternde und Abstand bringende dissoziierende Wirkung erreicht und Wahlmöglichkeiten können wieder eröffnet werden.

Dies kann dann für die weitere Zielfindung genutzt werden[203] indem z. B. folgendes Ziel vorgeschlagen wird: „Kucken Sie, was wäre das für ein Ziel, was würde das für Sie bewirken, wenn Sie sagen würden 'die Angst darf noch bleiben, aber ich möchte gut mit ihr umgehen können und sie womöglich sogar nutzen können?'" (08:50 – 09:05)

Als darauf folgenden Schritt empfiehlt Schmidt die Personifizierung oder Konturierung der neu entdeckten „Seite" der Angst, die dann im weiteren als Botschafter von Bedürfnissen erkannt und genutzt werden kann.[204]

---

[203] Siehe Utilisationsprinzip / Abschnitt 4.5
[204] Siehe hierzu auch: Schmidt (2016b) S. 194–197;
  Siehe hierzu auch: Herr (2005) S. 13–14

Angst und Altersregression
Zudem verweist Schmidt darauf, dass Angsterleben klassischerweise mit einer Altersregression einhergeht und die betroffenen Personen sich dementsprechend im Zuge des Angsterlebens meist sehr viel jünger und inkompetenter (ausgeliefert, ohnmächtig) fühlen, als sie eigentlich sind.

Diesen Sachverhalt sollte man nach Schmidt wie eine „Produktinformation" immer auch transparent an die KlientInnen weitergeben: „Schauen Sie, wenn Sie z. B. sich fühlen wie fünf, dann heißt das, der Fünfjährige in Ihnen reagiert, aber der ist nicht verbunden mit den Kompetenzen und Ressourcen des Erwachsenen ... der braucht was anderes ... was bräuchte der Fünfjährige?"[205]

Somit kann nach Schmidt auf die Selbstbeziehung fokussiert werden: „Wie können Sie mit dem innerlich ... also im inneren System umgehen, so dass der [innere Fünfjährige] beruhigt wird?" (10:25 – 10:35)

Dies sei am besten erreichbar, wenn die innere „Seite" weiterhin Angst haben dürfe und nichts ändern müsse. (09:35 – 10:40)

Körperliche Gesten, Reparenting und „innerer" Erlebnisraum
Zusätzlich könne man diese Reparenting-Interventionen, die der/die KlientIn autonom und selbstständig für sich durchführt mittels kleiner körperlicher Gesten oder Rituale wie z. B. dem gespielten Streicheln über den Kopf des/der Fünfjährigen unterstützen.

Außerdem kann hierbei die Arbeit mit dem „inneren Erlebnisraum"[206] genutzt werden, indem die optimale „innere" Platzierung des bedürftigen Teils bzw. der bedürftigen „Seite" vorgenommen wird.

Schmidt schlägt exemplarisch folgende Fragen hierzu vor: „Wäre der rechts von Ihnen ... links von Ihnen? […] Wo würde er optimal platziert, der bedürftige Teil von Ihnen ... so dass Sie ihn gut versorgen könnten?" (11:00 – 11:10)

---

[205] Diese Interventionsform wird oftmals als „Nachbeelterung" oder „Reparenting" bezeichnet: Vgl. Revenstorf, D. (2015): Trance und die Ziele und Wirkungen der Hypnotherapie. In: Revenstorf, D.; Peter, B. (Hrsg.): Hypnose in Psychotherapie, Psychosomatik und Medizin. Manual für die Praxis. (3. Auflage) Heidelberg: Springer-Verlag, S. 27f;
Vgl. Einsle, F.; Hummel, K. V. (2015): Kognitive Umstrukturierung. Techniken der Verhaltenstherapie. (1. Auflage) Weinheim: Beltz Verlag (PVU), S. 180
[206] Siehe hierzu auch: Schmidt (2016b) S. 176

Des Weiteren sei es sinnvoll dies mit einer kleinen körperlichen Kodierung wie z. B. Tiefenatmung zu verbinden, die eine zusätzliche Umfokussierung mit sich bringe. Ein weiterer Schritt der Personifizierung der inneren „Seite" der Angst liege darin ihr einen Namen zu geben. Außerdem sei es sinnvoll auch die anderen vorhandenen „Seiten" die keine Angst haben zu personifizieren, da hierbei wirkungsvoll auf diese umfokussiert werden könne. (10:40 – 11:50)

Zielplatzierung im „inneren" Erlebnisraum
Als weitere Intervention schlägt Schmidt die „innere" Platzierung des angestrebten Ziels „eine gute Prüfung abzulegen" vor. Hierzu schlägt er folgende Frage-Formulierung vor: „O. K., wo wäre das Ziel, so dass Sie es so platzieren in Ihrer inneren Welt, dass es kraftgebend wirkt?" (12:20) Hierdurch könne die oftmals erdrückende und angststärkende Wirkung von perfektionistischen und zu großen Zielen verändert werden und eine „Art Schrumpfung im eigenen Erleben" verhindert bzw. rückgängig gemacht werden.[207]

Zunächst ist es hierfür nach Schmidt sinnvoll, zuerst eine „Lösungs-Physiologie" zu modellieren bzw. zu reaktivieren und anschließend die Zielplatzierung bzw. Modellierung vorzunehmen: „Also wie könnten Sie […] wenn Sie schon jemals mit Handlungsfähigkeit, Überblick usw., gestärkt im Rücken irgendwas angegangen sind […] wo müssten Sie das Ziel hinplatzieren, in Ihrem inneren Erlebnisraum, so dass das zu dieser Haltung passt? […] und wie würde das Ziel dann modelliert werden, dass es dazu passt? […] muss es eine [Note] Eins sein?" (12:50 – 13:25)

„Worst-Case"-Szenario und ressourcenorientierter Umgang damit
Um die Schutz- und Sicherheitshaltung zu stärken und freier vom Ergebnis zu werden empfiehlt Schmidt zusätzlich Imaginationen anzubieten, in denen das „Worst-Case"-Szenario des Nichtbestehens der Prüfung und Strategien des Umgangs mit diesem „schlimmsten Fall" durchgespielt werden: „O. K., spielen wir den Worst-Case durch. Das wäre das Allerschlimmste und Sie würden die Prüfung nicht bestehen. Was wäre das Schlimmste daran und was würde Ihnen dann helfen um das zu bewältigen?" (13:50 – 14:05)[208]

---

[207] Siehe hierzu auch: Schmidt (2016b) S. 186–189
[208] Hierbei sei auf die Ähnlichkeit zur Verhaltenstherapeutischen Technik der „Sorgenexposition" verwiesen; Vgl. Zubrägel, D.; Linden, M. (2008): Generalisierte Angststörung. In: Linden, M.; Hautzinger, M. (Hrsg.): Verhaltenstherapiemanual. (6., vollständig überarbeitete und erweiterte Auflage) Heidelberg: Springer Medizin Verlag. S. 513–515

Wichtig hierbei ist, den KlientInnen klarzumachen, dass es in der Imagination darum geht freier vom Ergebnis zu werden und dass der „Worst-Case" selbstverständlich nicht gewünscht wird. Durch diese Intervention kann nach Schmidt vermieden werden durch Abhängigkeit zum Ergebnis aus dem Kontakt mit den eigenen vorhandenen Ressourcen zu kommen.

Insgesamt ist nach Schmidt zu betonen, dass eine einseitige Lösungsressourcenorientierung ohne Blick auf die Hindernisse die auf dem Weg liegen, viel weniger hilfreich ist, als wenn diese Hindernisse mit in den Fokus genommen werden. Schmidt weist in diesem Zuge auf die umfangreichen Studienergebnisse von Gabriele Oettingen hin, die diese These untermauern.[209]

Dies berücksichtigend empfiehlt Schmidt daher ein Vorgehen, bei dem der ressourcenorientierte Umgang mit den Hindernissen berücksichtigt wird. Hierbei dürfen und sollen auch explizit Katastrophen-Fantasien mit integriert und rekonstruiert werden und Schmidt schlägt beispielsweise folgende Formulierung vor: „Ja dann spielen wir die [Katastrophen-Fantasie] doch ruhig mal durch ... von wo würde die kommen? Wie würde sie über Sie kommen können, so dass sie Sie fertig macht? Und wie könnten Sie antworten darauf?" (14:50 – 15:00)

Als mögliche Antwort darauf nennt Schmidt: „O. K., selbst dann bin ich was wert!", womit die Angst wiederum zu einer „Würdigungs- und Sinnstiftungs-Erinnerung" wird. (14:05 – 15:18)[210]

„Bedingungsloser Selbstwert"-Trance, Modellierung einer Ressourcen-Situation und „Problem-Lösungsgymnastik"
Um den Aspekt des bedingungslosen Selbstwerts, unabhängig von einem Prüfungsergebnis, zu fördern empfiehlt Schmidt eine separate Trance bzw. Imagination anzubieten, die auch im Gespräch integriert sein kann und somit keine explizite Trance-Induktion von Nöten ist. Hierbei wird unter Zuhilfenahme des ganzen Körpers eine „Lösungs-Physiologie" modelliert bzw. reaktiviert.
Folgende Formulierungen schlägt Schmidt hierfür im Rahmen des Interviews vor: „Sie spüren, ich bin ein wertvoller Mensch an sich

---

[209] Siehe dies bestätigend: Morschitzky, H. (2009): Angststörungen. Diagnostik, Konzepte, Therapie, Selbsthilfe. (4., überarbeitete und erweiterte Auflage). Wien: Springer-Verlag, S. 557;
Vgl. Oettingen, G. (2017): Die Psychologie des Gelingens. München: Verlagsgruppe Droemer Knaur, S. 9–14
[210] Hierbei sei auf die mutmaßliche Stärkung des Konstrukts *Selbstmitgefühl* verwiesen, welches sich vielfach positiv auswirkt; Vgl. Wagner (2016) S. 21–22

und für mich ... ich will was leisten, aber davon hängt nicht mein Wert ab!"

Hierdurch werde die gesamte Haltung freier und autonomer. Zusätzlich könne in dieser Imagination in einem weiteren Schritt auf der Lösungsebene eine Ressourcen-Situation auf allen Sinnesebenen reaktiviert werden die für die Bewältigung der Prüfung nützlich sein kann:

„O. K., nehmen wir an Sie haben schon mal irgendwie eine Situation gehabt, wo Sie auch gefordert waren, und dann floss sozusagen ... aus Ihnen heraus ... Sie mussten sich gar nicht groß anstrengen ... floss die Information ... was wäre so ein Bild ... es gibt einen inneren Quell in mir, in dem ist das alles gespeichert und dann fließt es mir zu ... und so ... welche Atmung, welche Haltung?" (16:00 – 16:25)

Wenn erfolgreich eine „Lösungs-Physiologie" hergestellt wurde, könne als nächster Schritt eine "Problem-Lösungsgymnastik"[211] angeboten werden, da die Wahrscheinlichkeit dass die Angst nochmals aufkomme, egal wie oft oder gründlich der/die KlientIn seine/ihre Übungen mache, sehr hoch sei.[212] Somit könne der/die KlientIn von vornherein darauf vorbereitet werden, dass sogenannte „Ehrenrunden" passieren die dann aktiv genutzt werden.

Schmidt beschreibt die Intervention wie folgt: „'Zu wem würden Sie werden, wenn es Sie wieder überfällt?' und es [die „Problem-Physiologie"] extra übertrieben machen, und dann 'Ah, das erinnert mich an: Ich bin nicht davon abhängig! Ich will mein Bestes ... und da fließt es'" verbunden mit dem Herstellen der „Lösungs-Physiologie". (15:18 – 17:15)

Aufdecken unbewusster Ambivalenzen gegenüber dem Prüfungserfolg, Motivation für die Prüfung

Oftmals liegen nach Schmidt unbewusste Ambivalenzen oder unbewusste negative Fantasien bezüglich des Erfolgs in der Prüfung vor. Diese können prophylaktisch bewusst gemacht werden durch folgende Fragestellung: „Jetzt nehmen wir mal an Sie wären ganz erfolgreich gewesen, was kommt dann auf Sie zu? Was erwarten Sie

---

[211] Details hierzu siehe Abschnitt 3.10;
Siehe hierzu auch: Schmidt (2016b) S. 197–198
[212] Dies entspricht der neurobiologischen Erkenntnis, wonach ein bereits bestehendes, gebahntes neuronales Netzwerk des Angsterlebens leicht wieder reaktiviert werden kann.
Vgl. Hüther, G. (2002): Biologie der Angst. Wie aus Streß Gefühle werden. (5. Auflage) Göttingen: Vandenhoeck & Ruprecht, S. 37–39

dann?" (17:45) Hierbei zeige sich oft, dass z. B. Angst-Fantasien vor dem beginnenden „Ernst des Lebens" bestehen. Außerdem können für die KlientInnen auch Loyalitäts-Konflikte auftreten, da durch ein Bestehen der Prüfung gefühlt die eigenen Eltern oder ein Elternteil abgewertet würden, da man sich über diese stelle. In diesem Kontext wäre die Angst dann als „Loyalitäts-Leistung"[213] gegenüber den Eltern zu betrachten bzw. zu würdigen. (17:15 – 19:50)

Als weitere mögliche Ängste nennt Schmidt die Angst nach einem Prüfungserfolg weitgehend fremdbestimmt zu sein, sich über Freunde zu stellen oder die Familie verlassen zu müssen.

Um den sozial-systemischen Aspekt hervorzuheben schlägt Schmidt die folgenden beiden Frage vor: „Welche Auswirkungen hätte der Erfolg in Ihren jeweiligen Beziehungen?" und als Gegenfrage: „Welche Auswirkungen hätte es, wenn Sie es nicht machen [Misserfolg in der Prüfung haben] in Ihren Beziehungen?" (18:55)

Falls Ambivalenzen bezüglich des Prüfungserfolgs vorliegen sollten, könne mittels folgender Intervention freier Gestaltungsraum geschaffen werden: „Sie können erfolgreich sein wie Sie wollen, Sie haben danach die völlige Freiheit! Sie können's machen, oder Sie können was ganz anderes machen ... was weiß ich, bloß weil man erfolgreich ist, ist man noch lange nicht zu was verpflichtet!" (19:50)

Hierdurch können Ambivalenzen gegenüber dem Prüfungserfolg bewusst gemacht und abgebaut werden und somit insgesamt die Motivation aktiv „in die Prüfung zu gehen" verbessert werden.

Außerdem gibt es nach Schmidt auch das Phänomen, dass Prüfungen nur „den Eltern zuliebe" gemacht werden, was auch zu Ambivalenzen bzw. verminderter intrinsischer Motivation für die Prüfungsbewältigung führt. In diesem Fall schlägt Schmidt zur Sensibilisierung des/der KlientIn für die eigene Sinnhaftigkeit des Ablegens der Prüfung vor, „die Rolle des Advokats der Gegenseite" zu spielen und zu fragen: „Was müssen Sie eigentlich so 'ne Scheißprüfung machen? […] Sie können doch auch ohne Prüfung ... wofür? […] Wofür um Gottes willen wollen Sie die Prüfung machen? […] 'Wofür macht es mir Sinn?'" (21:55 – 22:10)

Daran anknüpfend kann mit den KlientInnen an der Sinn-Komponente gearbeitet werden und somit die intrinsische Motivation für das erfolgreiche Ablegen der Prüfung gefördert werden. (22:30)
Sollte sich hierbei herausstellen, dass die einzige Motivation für das Ablegen der Prüfung der „Wunsch der Eltern" ist, so empfiehlt Schmidt folgende Intervention: „Naja, dann müssen Sie sie ja nicht

---

[213] Siehe hierzu auch: Schmidt (2016b) S. 200–202

machen, aber wenn Sie's trotzdem machen wollen, dann ist es eine doppelt anerkennenswerte oder noch eine zusätzlich anerkennenswerte Leistung, ... weil dann ist es nicht ... Sie machen endlich ihre Prüfung, sondern Sie machen in heldenhafter Weise ein Loyalitäts-Geschenk an Erwartungen von Eltern." (22:45 – 23:05)

Somit werde das Motiv „die Prüfung für die Eltern abzulegen" zu einer prinzipiell sinnvollen und zu würdigenden Loyalitätsleistung gegenüber den Eltern gerahmt, für die man sich selbst entscheiden kann und somit Wahlfreiheit entsteht:

„Ich müsste nicht, aber ich mach das trotzdem ... obwohl es nicht mein eigenes war, aber dann ist es umso mehr zu würdigen!" (23:20 – 23:30)

Hierdurch werde insgesamt die Autonomie und die Selbstbeziehung des/der KlientIn gestärkt. Die Angst kann hierbei als eine sinnvolle unterschwellige „Rebellions"-Reaktion des Organismus gewürdigt werden, die zum Schutz der Autonomie des/der KlientIn aktiv wird. (23:30 – 24:15)

Progressions-Imagination / „Die Prüfung ist geschafft"
Schmidt schlägt als zusätzliche, aber nicht als alleinige Intervention vor, eine Imagination bzw. Trance anzubieten, bei der auf allen Sinnesebenen imaginiert wird, die Prüfung sei bereits erfolgreich bestanden worden.[214] (21:15 – 21:35)

Diese in der Hypnotherapie häufig angewendete Interventionsform des imaginär In-die-Zukunft-Reisens wird als *Progression* bezeichnet.[215] In der lösungsorientierten systemischen Therapie und Beratung wird analog dazu die „Wunderfrage" von Steve de Shazer häufig angewendet.[216]

„Abwertungs-Recordings"
Als weitere sinnvolle Abstand bzw. Dissoziation herstellende Intervention zu beängstigenden, abwertenden oder bedrängenden „inneren" Stimmen, welche in oder vor Prüfungsangst-Situationen aufflackern können, schlägt Schmidt zudem vor, diese mittels eines Tonaufnahmegeräts aufzunehmen und sich aus einer geschützten Beobachterposition nochmals „von außen" anzuhören.[217] Zudem sei es

---

[214] Siehe hierzu auch: Schmidt (2016b) S. 189–191
[215] Vgl. Revenstorf (2015) S. 30
[216] Vgl. Bamberger, G. (2015): Lösungsorientierte Beratung. (5., überarbeitete Auflage), Weinheim: Beltz Verlag Programm PVU, S. 41 und S. 118f;
Siehe hierzu auch: Herr (2005) S. 10
[217] Siehe hierzu auch: Schmidt (2016b) S. 209f;

sinnvoll beim Anhören dieser negativen „inneren" Stimmen bzw. Glaubenssätze, dies wiederum mit dem bewussten Einnehmen der bereits erlernten „Lösungs-Physiologie" zu verbinden und zusätzlich das sogenannte „palm-paradigm"[218] zu nutzen, indem in einer Art Ruderbewegung mit nach außen gerichteten Handflächen der „innere" Erlebensraum vergrößert wird.

Zusätzlich können auch hilfreiche innere Dialoge, Geräusche oder auch Bilder hinzugefügt bzw. assoziiert werden. Somit wird Vernetzungsarbeit geleistet, da das Problemmuster mit dem Lösungsmuster verknüpft bzw. vernetzt wird. Im Zuge dessen kann außerdem auch die offensichtlich vorhandene und sehr effektive Imaginationsfähigkeit der KlientInnen gewürdigt werden, die sich bei der autonom ablaufenden Angstreaktion bzw. Angst-Trance zeigt und zu einem unerwünschten Erleben führt, potentiell aber auch in die gewünschte Richtung führen kann, womit die Angst-Reaktion wiederum neu gerahmt wird. (28:45 – 30:10)

Mittels dieser Intervention können nach Schmidt die abwertenden „inneren" Stimmen wieder zur „Erinnerungshilfe" für die Bedürfnisbefriedigung utilisiert werden.

Durch diese Intervention könne entgegen der Vermutung dies führe zu einem Anstieg der Angst, der Abstand zu den bedrängenden Stimmen vergrößert werden und somit eine erleichternde Externalisierung und Dissoziation erreicht werden. (30:10 – 31:10)

5.3.3 Prüfungsangst-Ebenen und Parallelen zum Psychodrama und anderen Therapie-Schulen

Schmidt betont übereinstimmend mit den Ebenen-Modellen der Prüfungsangst von Fehm & Fydrich und Kossack[219], dass das gesamte System auf allen Ebenen von der Prüfungsangst betroffen sei und dementsprechend auch die vorgeschlagenen hypnosystemischen Interventionen alle diese Ebenen berücksichtigen. (20:10 – 21:15)

Weiterhin stellt Schmidt heraus, dass sehr viele Überlappungen oder Ähnlichkeiten der vorgeschlagenen hypnosystemischen Vorgehensweisen zur Arbeit mit Psychodrama-Methoden, wie z. B. im therapeutischen Konzept der Therapeutin Rominger vom Studierendenwerk Berlin,[220] bestehen. So ist nach Schmidt die Psychodrama-Arbeit eindeutig als intensive Trance-Arbeit zu betrachten, bei der

---

Siehe übereinstimmend hierzu: Morschitzky (2009) S. 558
[218] Siehe hierzu: Storch (2006) S. 56–62
[219] Vgl. Abschnitt 2.2
[220] Vgl. Abschnitt 3.3.4

ähnliche Phänomene (Trancephänomene) wie in der Hypnotherapie aktiviert und genutzt werden.

So weise z. B. die spielerische psychodramatische Arbeit mit verschiedenen Rollen (z. B. während der Prüfungssituation) und das Wechseln in eine Coaching-Rolle hohe Ähnlichkeit mit der hypnotherapeutischen Strategie der „Identifikation"[221] mit einer anderen Person auf. Hierdurch würden bisher dissoziierte Kompetenzen und Ressourcen assoziiert und somit aktiviert. Außerdem impliziere diese Intervention, dass die benötigten Lösungs-Ressourcen für das Problem bereits im Individuum vorhanden seien, was eine Grundprämisse der hypnosystemischen Arbeit darstellt.[222]

Insgesamt ist nach Schmidt die Abgrenzung der einzelnen Therapieschulen nach „Etiketten" nicht sinnvoll und zielführend. So weise z. B. auch die Hypnotherapie viele verhaltenstherapeutische oder psychodynamische Aspekte auf. (24:15 – 26:45)

5.3.4 Transparenz und Kooperation auf Augenhöhe

Schmidt betont die Wichtigkeit der Transparenz in der therapeutischen Arbeit gegenüber den KlientInnen. Dies ist in der Erickson'schen Hypnotherapie oftmals nicht der Fall, da hier häufig mit indirekten Methoden und Konfusionstechniken gearbeitet wird.[223]

Gerade im Kontext von Prüfungsangst liege ein „Oben-unten-Erleben" auf der Ebene der Beziehung vor, welches sich durch ein Gefälle zwischen dem Prüfer bzw. der Prüfung (oben) und dem Prüfling (unten) auszeichne und mit Ohnmachtsgefühlen und erlebter mangelnder Gestaltungsfähigkeit einhergehe. Durch intransparentes Vorgehen würde somit das erlebte „Oben-unten-Gefälle" im Problemmuster reaktiviert. Im Gegenzug dazu führe eine kooperative und transparente Arbeit mit den KlientInnen zu einer Unterschiedsbildung im bisherigen Problemmuster, was Ziel der hypnosystemischen Arbeit sei.

Letztlich sei der/die KlientIn nicht nur auf Augenhöhe mit dem/der TherapeutIn zu betrachten, sondern eigentlich sogar über

---

[221] Siehe hierzu: Bartl, R. (2015): Leistungsbeeinträchtigungen und Leistungssteigerung im Sport. In: Revenstorf, D.; Peter, B. (Hrsg.): Hypnose in Psychotherapie, Psychosomatik und Medizin. Manual für die Praxis. (3. Auflage) Heidelberg: Springer-Verlag, S. 424–426
[222] Siehe „Potenzialhypothese" / Abschnitt 4.9
[223] Vgl. Revenstorf, D.; Freund; U. (2015): Indirekte Induktion und Kommunikation. In: Revenstorf, D.; Peter, B. (Hrsg.): Hypnose in Psychotherapie, Psychosomatik und Medizin. Manual für die Praxis. (3. Auflage) Heidelberg: Springer-Verlag, S. 205–208

dem/der TherapeutIn zu sehen. Der eigentliche Therapeut sei der/die KlientIn und der/die Therapeutin sei lediglich als hinzuarbeitender „Dienstleister" zu betrachten. Deswegen müsse auch alles transparent gemacht werden, damit der/die KlientIn immer autonom die Stimmigkeit unter Berücksichtigung „somatischer Marker" für sich überprüfen könne.

Somit werde aus einer passiven Opferhaltung der Ohnmacht, Fremdbestimmung und Handlungsunfähigkeit eine aktive gestaltende Haltung entwickelt: „Ich gestalte, ich bestimme und sag' den nächsten Schritt!" (34:50) Außerdem werde hierdurch insgesamt die Achtsamkeit, Autonomie und die gewünschte Meta-Steuerposition gestärkt.

In diesem Sinne lehnt Schmidt die Verwendung von Intransparenz und Indirektheit ab. Außerdem sei auch die Verwendung von Konfusionstechniken in diesem Kontext nicht sinnvoll, da die KlientInnen meist schon konfus genug seien und dieser Zustand nicht noch zusätzlich verstärkt werden sollte.[224] (32:30 – 35:50)

5.3.5 Rahmenbedingungen, Dauer und Setting

Schmidt gibt als groben Richtwert für die mutmaßliche Anzahl der benötigten Sitzungen des Prüfungsangst-Coachings 5 bis maximal 8 Sitzungen an, wobei es auch schneller gehen könne.

Als wichtige Einschränkung für die therapeutische Arbeit im Kontext von Prüfungsangst nennt Schmidt den Faktor, ob bis jetzt überhaupt schon etwas für die Prüfung gelernt wurde vom Klienten, da bei einer diesbezüglichen Verneinung die Prüfungsangst als objektiv begründet einzuschätzen sei und zunächst der Stoff gelernt werden müsse.

Grundsätzlich eigne sich das Gruppensetting nach Schmidt sehr gut für die strukturierte hypnosystemische Arbeit mit dem Phänomen *Prüfungsangst*. Durch die Gruppenarbeit seien Effekte erzielbar, die so im Einzelsetting durch einen Therapeuten nicht erreichbar seien. So spiele unter anderem die gegenseitige Empathie, Bestärkung, Motivation und Wertschätzung in der Gruppe eine übergeordnete Rolle. Es sei somit eine solidarisierende Kohäsionswirkung im Gruppensetting zu erzielen. Insbesondere der gemeinsame Fokus des Prüfungsangst-Erlebens spreche für das Gruppensetting.

---

[224] Siehe dies im Kontext von „Sinnbezug / Synergitätsbewertung" bestätigend: Hack (2015) S. 24

Wichtig für die Arbeit in der Gruppe sei hier wiederum das beständige Einholen von Feedback aus der Gruppe.[225] (35:55 – 39:20)

5.3.6 Integration von Aspekten aus der Energie-Psychologie

Schmidt weist darauf hin, dass es im Kontext von Ängsten oftmals auch sinnvoll sei auf Aspekte oder Techniken der Energie-Psychologie zurückzugreifen, da hierbei der Aspekt der Selbst-Beziehung sehr gut integriert sei und effektive Umfokussierung ermöglicht werde.[226] In diesem Sinne betrachtet Schmidt die Energie-Psychologie-Konzepte wie z. B. Klopftechniken als „hypno-orientierte Technik[en] mit Ganzkörperbezug", bei denen alle Sinne integriert sind bzw. berücksichtigt werden, was für eine effektive Therapie nach Schmidt sehr zu empfehlen ist. (39:40 – 41:32)

Nachdem somit in diesem Abschnitt hypnosystemische Konzepte zum Umgang mit Prüfungsangst thematisiert und dargestellt wurden, werden im nächsten Abschnitt der Arbeit die bereits dargelegten Ergebnisse diskutiert.

---

[225] Siehe hierzu auch: Herr (2005) S. 18–19 und S. 30–32
[226] Siehe hierzu: Andrade, J. (2012): Die Lösung liegt in der Hand des Patienten! Techniken der bifokalen multisensorischen Aktivierung BMSA (Bifocal Multi-Sensory Activation) zur Behandlung von Angststörungen, Stressreaktionen, Trauma, Zwang und Depression. In: Aalberse, M.; Geßner van Kersbergen, S. (Hrsg): Die Lösung liegt in deiner Hand! Von der Energetischen Psychologie zur bifokalen Achtsamkeit. Tübingen: dgvt-Verlag. S. 115–126;
Siehe hierzu auch: Bohne, M. (2016): Prozess- und Embodimentorientierte Psychologie (PEP) – weit mehr als eine Klopftechnik. In: Bohne, M.; Ohler, M.; Schmidt, G.; Trenkle, B. (Hrsg): Reden reicht nicht!? Bifokal-multisensorische Interventionsstrategien für Therapie und Beratung. (1. Auflage) Heidelberg: Carl-Auer-Systeme Verlag, S. 13–27.

6 Diskussion der Ergebnisse

In diesem Abschnitt werden die vorgestellten Ergebnisse der Literaturrecherche und der Experteninterviews diskutiert. Hierzu werden zunächst die Parallelen der beiden vorgestellten Therapiekonzepte zum Umgang mit Prüfungsangst herausgearbeitet. Daran anschließend werden die vorgestellten hypnosystemischen Interventionsvorschläge und der hypnosystemische Ansatz im Allgemeinen kritisch diskutiert. Abschließend wird die methodische Vorgehensweise, die im Rahmen dieser Arbeit gewählt wurde kritisch reflektiert.

6.1 PARALLELEN ZWISCHEN DEM HYPNOSYSTEMISCHEN INTERVENTIONSKONZEPT ZUM UMGANG MIT PRÜFUNGSANGST UND DEM THERAPIEKONZEPT VON ROMINGER AN DER BERATUNGSSTELLE DES BERLINER STUDIERENDENWERKS

Wie bereits in Abschnitt 5.3.3 dargelegt gibt es sehr viele Analogien bzw. Parallelen zwischen dem individuellen Therapiekonzept von Rominger vom Studierendenwerk Berlin und dem hypnosystemischen Therapiekonzept zum Umgang mit Prüfungsangst.

So spielt z. B. bei beiden Konzepten die intensive Arbeit mit „Rollen" bzw. „Seiten" der Person und den jeweils damit verbundenen Physiologien, und „inneren" Stimmen bzw. Glaubenssätzen eine sehr große Rolle.

Beide Therapiekonzepte gehen weiterhin davon aus, dass das Ziel der Therapie bzw. des Prüfungsangst-Coachings darin besteht einen guten Umgang mit der Angst zu finden und diese nicht „wegzumachen" bzw. zu versuchen diese zu löschen.

Bei beiden Konzepten finden sich Methoden der Externalisierung, bei denen mit bedrängenden „inneren" Stimmen gearbeitet wird. So wird beim Konzept von Rominger mittels kognitiver Umstrukturierung und dem Aufschreiben der bedrängenden Angst-Gedanken, bzw. der Psychodramatechnik des „Zur-Seite-Sprechens" gearbeitet. Im hypnosystemischen Konzept wird u. a. die Externalisierung mittels „Tonaufnahmen" der bedrängenden inneren Stimmen vorgeschlagen.

Bei beiden vorgestellten Therapiekonzepten wird zudem die Arbeit aus einer geschützten Meta-Beobachter-Position gefördert. Diese findet im Therapiekonzept von Rominger z. B. in der Rollenwechsel-Übung statt, in der zunächst die Prüfungssituation durchgespielt und dann in eine geschützte und somit vom Problem-erleben dissoziierte, ressourcenvolle Coach-Rolle gewechselt wird. Bei dieser Intervention wird zudem die von Schmidt in Anlehnung an Oettingen empfohlene ressourcenorientierte Arbeit mit den Hindernissen (wie z. B. Horrorfantasien) aus einer geschützten Beobachter-Position heraus berücksichtigt.

Die Motivations-Forscherin Oettingen, die zu diesem Thema sehr intensiv geforscht hat und bahnbrechende neue Erkenntnisse bezüglich des Nutzens und der Nachteile von positiven Zukunftsfantasien zu Tage gebracht hat, nennt dieses Vorgehen *mentale Kontrastierung*. Bei dieser Kontrastierung werden positive Zukunftsfantasien mit der oftmals dem widersprechenden „negativen" Realität verglichen bzw. kontrastiert und Strategien zum Umgang mit den möglicherweise auftauchenden Hindernissen zur Zielerreichung entwickelt. Durch dieses Vorgehen werden nach Oettingen die gewünschten Aspekte von positiven Zukunftsfantasien genutzt und gleichzeitig negative Aspekte des Energieverlusts durch idealisiertes Träumen von einer „perfekten Zukunft" verhindert.[227]

Der Aspekt des *mentalen Kontrastierens* wird demnach in beiden vorgestellten Konzepten berücksichtigt, was aber wie bereits erwähnt teilweise bei hypnotherapeutischen Interventionsvorschlägen zum Umgang mit Prüfungsangst nicht der Fall ist, in denen z. B. lediglich eine „perfekt" verlaufende Prüfung unter Zuhilfenahme von Ressourcen aus anderen positiv erlebten Kontexten bzw. Ressourcen-Situationen imaginiert wird (Progressionstechnik) ohne auf mögliche Hindernisse und den optimalen Umgang mit diesen zu fokussieren.[228]

Als weitere Parallele der beiden Therapiekonzepte fällt auf, dass die Imagination bzw. Visualisierung als therapeutische Methode Anwendung findet. So schlägt Rominger eine „Progression" in die Prüfungssituation vor, in die Entspannungsgedanken eingebaut, Akzeptanz für das eigene Erleben entwickelt, Schwierigkeiten bewältigt und gleichzeitig die Fokussierung auf den fachlichen Inhalt der Prüfung eingeübt werden. In dieser, vom Verfasser vorliegender Ar-

---

[227] Vgl. Oettingen, G. (1997): Psychologie des Zukunftsdenkens. Erwartungen und Phantasien. Göttingen: Hogrefe – Verlag für Psychologie, S. 11 d. Vorworts, und S. 411; Vgl. Oettingen (2017) S. 40–62

[228] Siehe hierzu exemplarisch: Signer-Fischer, S. (2015): Störungsbilder bei Kindern und Jugendlichen. In: Revenstorf, D.; Peter, B. (Hrsg.): Hypnose in Psychotherapie, Psychosomatik und Medizin. Manual für die Praxis. (3. Auflage) Heidelberg: Springer-Verlag, S. 757

beit als typisch hypnotherapeutisch einzustufenden Intervention[229], wird wieder die Berücksichtigung des *mentalen Kontrastierens* deutlich, da hierbei Schwierigkeiten bzw. Hindernisse bewältigt werden. In den von Schmidt vorgeschlagen Interventionen findet Imagination bzw. Visualisierung u. a. in der Arbeit mit dem „inneren" Erlebnisraum, in der Arbeit mit „Worst-Case"-Szenarien, in angebotenen Trancen bzw. Imaginationen zum „bedingungslosen Selbstwert" und in der Progressions-Imagination „Die Prüfung ist geschafft" statt.

Zusammenfassend lassen sich somit sehr viele Parallelen bzw. Analogien in den beiden vorgestellten therapeutischen Konzepten zum Umgang mit Prüfungsangst feststellen, die in dieser Arbeit nicht abschließend erfasst wurden.

Hieraus wird deutlich, dass eine eindeutige Therapieschulen-Zuordnung der jeweiligen Interventionen schlicht nicht möglich und auch nicht sinnvoll erscheint, sondern vielmehr die bereits bestehende Integration verschiedenster therapeutischer Ansätze in den beiden vorgestellten Therapiekonzepten deutlich wird.

6.2 Kritik am vorgestellten hypnosystemischen Interventionskonzept und am hypnosystemischen Ansatz

In diesem Abschnitt werden das vorgestellte hypnosystemische Interventionskonzept zum Umgang mit Prüfungsangst und der hypnosystemische Ansatz im Allgemeinen kritisch reflektiert.

Die Reflexion findet u. a. auch vor dem Hintergrund der in Abschnitt 2.4 vorgestellten Funktionsmodelle der Prüfungsangst statt.

Es wird deutlich, dass das unter Abschnitt 2.4.1 vorgestellte *Selbstregulationsmodell* von Carver und Scheier, welches die Angstentstehung auf eine Diskrepanz von Ist- und Soll-Zustand zurückführt starke Ähnlichkeiten zur hypnosystemisch-konstruktivistischen Sichtweise aufweist, bei der der Beschreibung, Benennung und Bewertung des Ist-und des Soll-Zustands eine übergeordnete aufmerksamkeitsfokussierende und somit erlebenserzeugende Wirkung zugesprochen wird.[230] Außerdem sprechen die von Schmidt vorgeschlagenen Interventionen der Zielneudefinition, in denen die Ist-Soll-Diskrepanz verringert wird, und deren stimmige Platzierung im „inneren" Erlebnisraum, die zu mehr Kompetenz- bzw. Ressourcenerleben führt, dafür, dass dieses Konzept weitgehend in

---
[229] Vgl. Revenstorf (2015) S. 30
[230] Vgl. Abschnitt 4.7

den vorgeschlagenen hypnosystemischen Interventionen berücksichtigt wird.

Der von Fehm und Fydrich bei diesem Modell kritisch hervorgehobene Aspekt der Uneindeutigkeit der Angst mit potentiell positiver und negativer Wirkung, wird im hypnosystemischen Konzept gut widergespiegelt, indem die Angst zum „Botschafter von Bedürfnissen" geframt wird und somit der positive Aspekt der Angst in den Vordergrund bzw. Aufmerksamkeitsfokus tritt.

Das *Selbstwertmodell* von Covington[231] findet sich in den hypnosystemischen Interventionsvorschlägen von Schmidt ebenfalls eindeutig berücksichtigt, da z. B. bei dem Angebot einer „bedingungslosen Selbstwert"-Trance die Unabhängigkeit des Selbstwerts von bestimmten eventuell perfektionistischen Prüfungsergebnissen und somit eine Stärkung des allgemeinen Selbstwertes erlernt bzw. wieder bewusst gemacht werden kann.

Auch in der Auseinandersetzung mit dem „Worst-Case"-Szenario und dem imaginativen ressourcenorientierten Umgang mit sich selbst in dieser Situation kann mutmaßlich der generelle Selbstwert gestärkt werden.

Außerdem findet sich im *Selbstwertmodell* auch der Gedanke des Reframings wieder, indem z. B. dem Prokrastinieren eine prinzipiell sinnvolle und zu würdigende Selbstwert-Schutzfunktion zukommt, was der hypnosystemischen Sichtweise entspricht.

Die in 2.4.3 referierten *Transaktionalen Modelle* der Prüfungsangst finden sich ebenfalls zum Teil in den vorgeschlagenen hypnosystemischen Interventionsvorschlägen wieder.

So fällt z. B. auf, dass die von Schmidt beschriebene unwillkürliche Erzeugung von „Problemerleben" durch die Diskrepanz von Ist- und Soll-Zustand und die damit einhergehende negative Beschreibung, Benennung und Bewertung mutmaßlich stark dazu beiträgt tendenziell dysfunktionale kognitive und emotionale Reaktionen[232] bei Personen mit Prüfungsangst hervorzubringen, die durch hypnosystemische Interventionen der Umbenennung, Umwertung und des Reframings mutmaßlich gut beeinflussbar bzw. veränderbar werden.

Außerdem kann mutmaßlich durch die Arbeit mit dem "inneren" Erlebnisraum und die Platzierung des neu definierten Ziels im „in-

---

[231] Vgl. Abschnitt 2.4.2
[232] Vgl. Abschnitt 2.4.3

neren" Erlebnisraum das Bedrohungserleben[233] von Personen mit Prüfungsangst positiv beeinflusst werden.

Insgesamt kann weiterhin davon ausgegangen werden, dass die vorgeschlagenen hypnosystemischen Interventionskonzepte dazu beitragen „Bewältigungsstrategien auf der kognitiven und emotionalen Ebene zum besseren Umgang mit Prüfungsangst"[234] zu entwickeln.

Zusammenfassend kann somit festgehalten werden, dass alle drei referierten Funktionsmodelle der Prüfungsangst umfassend in den hypnosystemischen Interventionsvorschlägen berücksichtigt werden, was aus Sicht des Autors für die hohe Relevanz der vorgeschlagenen Interventionen spricht.

Weiterhin spricht die nach Schmidt vorhandene gute Umsetzbarkeit der hypnosystemischen Interventionsvorschläge im Gruppensetting für deren praktische Relevanz, da das Gruppensetting im Rahmen von Prüfungsangst-Coaching für Studierende mutmaßlich häufig das Mittel der Wahl darstellt. Ein weiterer Aspekt, der ebenfalls für die vorgeschlagenen hypnosystemischen Interventionsvorschläge spricht, liegt darin, dass die KlientInnen hierbei Sichtweisen und Techniken erlernen, die sie autonom für sich selbst im Alltag auch in anderen Kontexten nutzen können. Hierbei sei exemplarisch die Arbeit mit dem „inneren" Erlebnisraum genannt, die unbewusstes und unwillkürliches Erleben verstehbar, würdigbar und gleichzeitig beeinflussbar bzw. veränderbar macht.

Auch die Tatsache, dass neueste wissenschaftliche Erkenntnisse wie z. B. die des *mentalen Kontrastierens*, und der Embodiment-Forschung bei den Interventionsvorschlägen berücksichtigt werden und die Integration von bifokal-multisensorischen Konzepten wie z. B. Klopftechniken in die Gesamtkonzeption des hypnosystemischen Ansatzes stattgefunden hat, spricht aus Sicht des Verfassers zusätzlich für die Zukunftsträchtigkeit der hypnosystemischen Konzeption und den konkreten vorgeschlagenen hypnosystemischen Interventionen zum Umgang mit Prüfungsangst.

Ein weiterer hervorzuhebender Aspekt, der für die hypnosystemische Konzeption spricht, liegt in der zu Grunde liegenden Haltung der Wertschätzung und Transparenz gegenüber dem/der KlientIn, die im Gegensatz zur teilweise intransparenten Vorgehensweise in der Erickson'schen Hypnotherapie auch aus ethischen Erwägungen sehr stimmig und sinnvoll erscheint.

---

[233] Vgl. Abschnitt 2.4.3
[234] Fehm; Fydrich (2011) S. 24

Kritisch anzumerken ist der momentan noch bestehende Studienmangel bezüglich der Wirksamkeit hypnosystemischer Interventionen bei Prüfungsangst, und der Wirksamkeit des hypnosystemischen Ansatzes im Allgemeinen, der bereits dargelegt wurde. Dementsprechend ist weitere Forschung im Sinne der wissenschaftlichen Prüfung und ggf. Anerkennung dieses Konzepts in diesem Gebiet wünschenswert.

6.3 Reflexion des methodischen Vorgehens

Im folgenden wird die im Rahmen dieser Arbeit gewählte Methodik zur Beantwortung der Fragestellungen „Welche Interventionsvorschläge bietet der hypnosystemische Ansatz zum Umgang mit Prüfungsangst?" und „Welche Analogien weisen die beiden vorgestellten therapeutischen Konzepte zum Umgang mit Prüfungsangst auf?" kritisch reflektiert bzw. diskutiert.

Da bis jetzt keine Forschung bzw. Literatur zu explizit hypnosystemischen Interventionen bei Prüfungsangst vorliegen, erschien die Durchführung eines Experteninterviews mit Gunther Schmidt als geeignetes Erhebungsverfahren. Kritisch ist jedoch anzumerken, dass die im Rahmen des Interviews durch Schmidt vorgestellten Interventionen mutmaßlich nur einen kleinen Überblick über die möglichen hypnosystemischen Interventionen in diesem Kontext gibt und im Rahmen eines Interviews aus verschiedenen Gründen wie z. B. des zur Verfügung stehenden zeitlichen Rahmens nicht alle Details bzw. Fragestellungen erfragt werden können. Dementsprechend sind die im Experteninterview mit Schmidt erhobenen Interventionsvorschläge nur als erster grober Einblick in die hypnosystemische Arbeit mit dem Phänomen Prüfungsangst zu betrachten und sicherlich nicht vollständig oder abschließend.

Das gleiche gilt für die Erhebung des therapeutischen Konzepts von Birgit Rominger vom Studierendenwerk Berlin, das ebenfalls nur oberflächlich und nicht vollständig oder abschließend im Rahmen des Experteninterviews erhoben werden konnte.

Dementsprechend ist auch die Frage nach den Analogien beider therapeutischer Konzepte mit den erhobenen Daten der Experteninterviews nicht endgültig oder abschließend beantwortbar, sondern eher als Annäherung zu betrachten. Es können somit lediglich erste Hinweise auf Analogien sichtbar gemacht werden.

Für eine wünschenswerte vertiefte Forschung mit dem Ziel einer abschließenden Beantwortung der beiden Fragestellungen müssten demnach zusätzliche Erhebungsmethoden wie z. B. teilnehmende

Beobachtung, Fragebögen, Videoanalysen angewandt werden, die im Rahmen dieser Arbeit nicht möglich waren.

7 Ausblick

Vor dem Hintergrund der dargelegten hohen Relevanz therapeutischer Interventionen für den Umgang mit Prüfungsangst bei Studierenden, ist es aus Sicht des Verfassers vorliegender Arbeit wünschenswert, dass sich Interventionsvorschläge wie die des hypnosystemischen Ansatzes, als auch die Interventionsvorschläge von Birgit Rominger, wie z. B. die vorgeschlagene Psychodrama-Arbeit, breite Anwendung in der therapeutischen Arbeit mit dem Phänomen *Prüfungsangst* finden. Wünschenswert ist außerdem, dass sich der Zugang zu solchen Coachings bzw. therapeutischen Angeboten möglichst niederschwellig gestaltet und eine unter Umständen als pathologisierend empfundene, bzw. „Problemtrance"-induzierende verpflichtende vorherige Diagnosestellung z. B. nach ICD-10 zur Teilnahme am Prüfungsangst-Coaching ausbleibt. Ziel solcher gezielter Coaching-Angebote sollte sein, möglichst viele Studierende zu erreichen, die Probleme mit dem Phänomen der Prüfungsangst haben und von einem gezielten Coaching profitieren könnten, unabhängig von einer bestehenden Diagnose. Selbstverständlich kann eine separate begleitende psychotherapeutische Behandlung sinnvoll sein, was im Einzelfall individuell entschieden werden muss.

Eine weitere Erkenntnis, die im Rahmen der Erstellung dieser Arbeit zu Tage trat liegt darin, dass der befruchtende Dialog zwischen den verschiedenen therapeutischen Schulen und Konzepten aus Sicht des Verfassers vorliegender Arbeit sehr wünschenswert ist und künstliche Grenzziehungen nicht sinnvoll und praktikabel erscheinen. So ist z. B. augenfällig geworden, dass das Konzept von *Trance*, wie es im hypnosystemischen Ansatz propagiert wird selbstverständlich auch im Rahmen anderer therapeutischer Konzepte wie z. B. dem Psychodrama unter anderen „Vorzeichen" und „Bezeichnungen" therapeutisch genutzt wird.

Aus Sicht des Verfassers sprechen jedoch viele Aspekte für die Verwendung des in der hypnosystemischen Arbeit eingesetzten *Trance*-Konzepts, da hierbei das menschliche „subjektive" Erleben in allen Ausprägungen, positiv wie negativ, sehr detailliert beschrieben, würdigbar, verstehbar und veränderbar gemacht werden kann.

Quellen- und Literaturverzeichnis

Andrade, J. (2012): Die Lösung liegt in der Hand des Patienten! Techniken der bifokalen multisensorischen Aktivierung BMSA (Bifocal Multi-Sensory Activation) zur Behandlung von Angststörungen, Stressreaktionen, Trauma, Zwang und Depression. In: Aalberse, M.; Geßner van Kersbergen, S. (Hrsg): Die Lösung liegt in deiner Hand! Von der Energetischen Psychologie zur bifokalen Achtsamkeit. Tübingen: dgvt-Verlag, S. 55–281.

Bamberger, G. (2015): Lösungsorientierte Beratung. (5., überarbeitete Auflage), Weinheim: Beltz Verlag Programm PVU.

Bandler, R.; Grinder, J. (1984): Therapie in Trance: Hypnose. Kommunikation mit dem Unbewußten. Stuttgart: Klett-Cotta.

Bartl, R. (2015): Leistungsbeeinträchtigungen und Leistungssteigerung im Sport. In: Revenstorf, D.; Peter, B. (Hrsg.): Hypnose in Psychotherapie, Psychosomatik und Medizin. Manual für die Praxis. (3. Auflage) Heidelberg: Springer-Verlag, 421–428.

Bohne, M. (2016): Prozess- und Embodimentorientierte Psychologie (PEP) – weit mehr als eine Klopftechnik. In: Bohne, M.; Ohler, M.; Schmidt, G.; Trenkle, B. (Hrsg): Reden reicht nicht!? Bifokal-multisensorische Interventionsstrategien für Therapie und Beratung. (1. Auflage) Heidelberg: Carl-Auer-Systeme Verlag, S. 13–27.

Bohne, M.; Ohler, M.; Schmidt, G.; Trenkle, B. (Hrsg)(2016): Reden reicht nicht!? Bifokal-multisensorische Interventionsstrategien für Therapie und Beratung. (1. Auflage) Heidelberg: Carl-Auer-Systeme Verlag.

Burmeister, J. (2009): Psychodrama in der Psychotherapie. In: Ameln, F. von; Gerstmann, R.; Kramer, J. (Hrsg): Psychodrama. (2., überarbeitete und erweiterte Auflage) Heidelberg: Springer Medizin Verlag, S. 361–398.

Connirae, A.; Steve, A. In: Bandler, R.; Grinder, J. (1988): Reframing. Ein ökologischer Ansatz in der Psychotherapie (NLP). Paderborn: Junfermann-Verlag, S. 13–16.

Deutsches Institut für Medizinische Dokumentation und Information (2017): ICD-10-GM Version 2017; http://www.dimdi.de/static/de/klassi/icd-10-gm/kodesuche/onlinefassungen/htmlgm2017/block-f40-f48.htm (abgerufen am 03.04.2017)

Eberspächer, H. (2012): Mentales Training. Das Handbuch für Trainer und Sportler. (8. durchgesehene Neuauflage) München: Stiebner Verlag.

Einsle, F.; Hummel, K. V. (2015): Kognitive Umstrukturierung. Techniken der Verhaltenstherapie. (1. Auflage) Weinheim: Beltz Verlag (PVU).

Fehm, L.; Fydrich, T. (2011): Prüfungsangst. Göttingen: Hogrefe Verlag.

Flammer, E. (2006): Die Wirksamkeit von Hypnotherapie bei Angststörungen. In: Hypnose und Kognition (HyKog), 22 (1+2), S. 173–198.
http://www.meg-stiftung.de/index.php/de/component/phocadownload/category/1-artikel?download=25:hypnose-zhh-0604-flammer (abgerufen am 22-05-2017)

Gerl, W. (2015a): Reframing. In: Revenstorf, D.; Peter, B. (Hrsg.): Hypnose in Psychotherapie, Psychosomatik und Medizin. Manual für die Praxis. (3. Auflage) Heidelberg: Springer-Verlag, S. 253–264.

Gerl, W. (2015b): Ressourcen- und Zielorientierung. In: Revenstorf, D.; Peter, B. (Hrsg.): Hypnose in Psychotherapie, Psychosomatik und Medizin. Manual für die Praxis. (3. Auflage) Heidelberg: Springer-Verlag, S. 89–94.

Gilligan, S. G. (1995): Therapeutische Trance. Das Prinzip Kooperation in der Ericksonschen Hypnotherapie. (2. Auflage) Heidelberg: Carl-Auer-Systeme Verlag.

Grawe, K. (2004): Neuropsychotherapie. Göttingen: Hogrefe.

Gumz, A.; Brähler, E.; Erices, R. (2012): Burnout und Arbeitsstörungen bei Studenten. Eine abschlussspezifische Untersuchung von Klienten einer psychotherapeutischen Studentenberatung. In: Psychotherapie, Psychosomatik, Medizinische Psychologie; Nr. 62, S. 33–39.

Hack, C. S. (2015): Synergetik und Systemtheorie in der Psychotherapieforschung. Eine Analyse der Beziehung zwischen Ordnungsübergängen und Therapieergebnissen in klinisch stationären Therapieprozessen im hypnosystemischen Setting. (Unveröffentlichte Bachelor Arbeit) Fakultät für angewandte Psychologie, SRH Hochschule Heidelberg.

Hagl, M. (2015): Wirksamkeit von klinischer Hypnose und Hypnotherapie. In: Revenstorf, D.; Peter, B. (Hrsg.): Hypnose in Psychotherapie, Psychosomatik und Medizin. Manual für die Praxis. (3. Auflage) Heidelberg: Springer-Verlag, S. 785–794.

Hautzinger, M. (2007): Biologische Grundlagen. In: Reimer, C.; Eckert, J.; Hautzinger, M.; Wilke, E. (2007): Psychotherapie. Ein Lehrbuch für Ärzte und Psychologen. (3., vollständig neu bearbeitete und aktualisierte Auflage) Heidelberg: Springer Medizin Verlag. S. 49–60.

Helmke, A. (1983): Prüfungsangst. Ein Überblick über neuere theoretische Entwicklungen und empirische Ergebnisse. In: Psychologische Rundschau, Band XXXIV, Heft 4, S. 193–211.

Herr, A. (2005): Ziel- und Ressourcenveränderung in der lösungs- und ressourcenorientierten Gruppentherapie. Eine Pilotstudie. (Unveröffentlichte Dissertation) Universität Heidelberg. http://archiv.ub.uni-heidelberg.de/volltextserver/6574/1/Dissertation_Gesamtdokumen_richtig.pdf (abgerufen am 21.06.2017)

Hesse, P. U. (2000): Teilearbeit: Konzepte von Multiplizität in ausgewählten Bereichen moderner Psychotherapie. (1. Auflage) Heidelberg: Carl-Auer-Systeme Verlag.

Hüther, G. (2006): Wie Embodiment neurobiologisch erklärt werden kann. In: Storch, M.; Cantieni, B.; Hüther, G.; Tschacher, W. (2006): Embodiment. Die Wechselwirkung von Körper und Psyche verstehen und nutzen. (1. Auflage) Bern: Verlag Hans Huber, S. 35–72.

Hüther, G.; Dohne, K.-D. (2011): Wer sich weiterentwickeln will, kann nicht so weitermachen wie bisher. In: Leeb, W. A.; Trenkle, B.; Weckenmann; M. F. (Hrsg.): Der Realitätenkellner. Hypnosystemische Konzepte in Beratung, Coaching und Supervision. (1. Auflage) Heidelberg: Carl-Auer-Systeme Verlag. S. 36–52.

Hüther, G. (2002): Biologie der Angst. Wie aus Streß Gefühle werden. (5. Auflage) Göttingen: Vandenhoeck & Ruprecht.

Kossak, H.-C. (2015): Prüfungsangst – Beraten aus sieben Perspektiven. (1. Auflage) Heidelberg: Carl Auer Verlag.

Kossak, H.-C. (2015b): Prüfungsangst – Beraten aus sieben Perspektiven. Ergänzendes Online-Material zum Buch. Heidelberg: Carl Auer Verlag. http://www.carl-auer.de/fileadmin/carl_auer/materialien/machbar/pruefungsangst_beraten_aus_sieben_perspektiven/MB_0000027.pdf (abgerufen am 05.04.2017)

Kossak, H.-C. (2016): Lernen leicht gemacht. Gut vorbereitet und ohne Prüfungsangst zum Erfolg. (3., aktualisierte Auflage) Heidelberg: Carl-Auer Verlag.

Küpfer, K. (1997): Prüfungsängstlichkeit bei Studenten: differentielle Diagnostik und differentielle Intervention. Dissertation. In: Europäische Hochschulschriften, Reihe 6, Band 553. Frankfurt am Main: Peter Lang - Europäischer Verlag der Wissenschaften.

Lenk, W. (2001): „Problemtrance – Lösungstrance". In: Revenstorf, D.; Peter, B. (Hrsg.): Hypnose in Psychotherapie, Psychosomatik und Medizin. Manual für die Praxis. (1. Auflage) Berlin: Springer-Verlag, S. 96–101.

Lindart, M. (2016): Was Coaching wirksam macht. Wirkfaktoren von Coachingprozessen im Fokus. Wiesbaden: Springer Fachmedien.

Migge, B. (2014): Handbuch Coaching und Beratung. (3., überarbeitete und stark erweiterte Auflage) Weinheim: Beltz Verlag.

Morschitzky, H. (2009): Angststörungen. Diagnostik, Konzepte, Therapie, Selbsthilfe. (4., überarbeitete und erweiterte Auflage). Wien: Springer-Verlag.

Neuser, M. P. (2014): Qualität im Kontext stationärer hypnosystemisch optimierter Psychotherapie: Eine konzeptionelle Annäherung am Beispiel des sysTelios Gesundheitszentrums. (Unveröffentlichte Bachelor-Arbeit) Psychologisches Institut an der Ruprecht-Karls-Universität Heidelberg.

Oettingen, G. (1997): Psychologie des Zukunftsdenkens. Erwartungen und Phantasien. Göttingen: Hogrefe – Verlag für Psychologie.

Oettingen, G. (2017): Die Psychologie des Gelingens. München: Verlagsgruppe Droemer Knaur.

Peter, B. (2015): Hypnose und die Konstruktion von Wirklichkeit. In: Revenstorf, D.; Peter, B. (Hrsg.): Hypnose in Psychotherapie, Psychosomatik und Medizin. Manual für die Praxis. (3. Auflage) Heidelberg: Springer-Verlag, S. 37–45.

Piribauer, G. (2012): Hypnotherapie bei Prüfungsangst in der Erwachsenenbildung. Dissertation. Wien: Sigmund Freud Privatuniversität.

Ramm, M. (2014): Studierendensurvey: Response-Raten - Dokumentation I. In: Ramm, M.: Response, Stichprobe und Repräsentativität. Zwei Dokumentationen zum Deutschen Studierendensurvey (DSS). Hefte zur Bildungs- und Hochschulforschung (72), Arbeitsgruppe Hochschulforschung, Universität Konstanz. https://cms.uni-konstanz.de/index.php?eID=tx_nawsecuredl& u=0&g=0&t=1491914646&hash=05e793d2839669047767b8e1f1e 41daadcb2d783&file=fileadmin/gso/ag-hochschulforschung

/Heft72Gesamtdatei.pdf (abgerufen am 10.04.2017)

Ramm, M.; Multrus, F.; Bargel, T.; Schmidt, M. (2014): Studiensituation und studentische Orientierungen. 12. Studierendensurvey an Universitäten und Fachhochschulen. Langfassung (ca 500 Seiten). Berlin: Bundesministerium für Bildung und Forschung. https://www.bmbf.de/pub/Studierendensurvey_Ausgabe_12_Langfassung.pdf (abgerufen am 10.04.2017)

Revenstorf, D. (2015): Trance und die Ziele und Wirkungen der Hypnotherapie. In: Revenstorf, D.; Peter, B. (Hrsg.): Hypnose in Psychotherapie, Psychosomatik und Medizin. Manual für die Praxis. (3. Auflage) Heidelberg: Springer-Verlag, S. 13–35.

Revenstorf, D.; Freund; U. (2015): Indirekte Induktion und Kommunikation. In: Revenstorf, D.; Peter, B. (Hrsg.): Hypnose in Psychotherapie, Psychosomatik und Medizin. Manual für die Praxis. (3. Auflage) Heidelberg: Springer-Verlag, S. 197–208.

Rominger, B. (2017): Unveröffentlichtes Experteninterview zum Thema „Prüfungsangst" vom 21.11.2016 (Audiodatei)

Richter, K. F. (2009): Coaching als kreativer Prozess. Werkbuch für Coaching und Supervision mit Gestalt und System. Göttingen: Vandenhoeck & Ruprecht.

Schaefer, A.; Mattheß, H.; Pfitzer, G.; Köhle, K. (2007): Seelische Gesundheit und Studienerfolg von Studierenden der Medizin mit hoher und niedriger Prüflingsängstlichkeit. In: Psychotherapie, Psychosomatik, Medizinische Psychologie; Nr 57, S. 289–297.

Schlippe, A. von; Schweitzer, J. (1997): Lehrbuch der systemischen Therapie und Beratung. (3., durchgesehene Auflage) Göttingen: Vandenhoeck & Ruprecht.

Schmidt, G. (2017): Unveröffentlichtes Experteninterview zum Thema „Prüfungsangst" vom 28.02.2017 (Audiodatei).

Schmidt, G. (2016a): Einführung in die hypnosystemische Therapie und Beratung. (7. Auflage) Heidelberg: Carl-Auer-Systeme Verlag.

Schmidt, G. (2016b): Das Orchester der Sinne nutzen für erfolgreiche „Lösungssinfonien" - Hypnosystemische multisensorische Strategien für kraftvolle ganzheitliche Lösungen. In: Bohne, M.; Ohler, M.; Schmidt, G.; Trenkle, B. (Hrsg): Reden reicht nicht!? Bifokal-multisensorische Interventionsstrategien für Therapie und Beratung. (1. Auflage) Heidelberg: Carl-Auer-Systeme Verlag, S. 171–216.

Schmidt, G. (2013): Liebesaffären zwischen Problem und Lösung. Hypnosystemisches Arbeiten in schwierigen Kontexten. (5., unveränderte Auflage) Heidelberg: Carl-Auer-Systeme Verlag.

Schwegler, C. (2014): Der hypnotherapeutische Werkzeugkasten. 50 hypnotherapeutische Techniken für gelungene Induktionen und Interventionen. (2. Auflage). Kaltenkirchen: Eigenverlag / Mad Man's Magic.

Schwinger, M.; Stiensmeier-Pelster, J. (2012): Erfassung von Self-Handicapping im Lern- und Leistungsbereich. Eine deutschsprachige Adaptation der Academic Self-Handicapping Scale (ASHS-D). In: Zeitschrift für Entwicklungspsychologie und Pädagogische Psychologie, 44 (2), S. 68–80.

Signer-Fischer, S. (2015): Störungsbilder bei Kindern und Jugendlichen. In: Revenstorf, D.; Peter, B. (Hrsg.): Hypnose in Psychotherapie, Psychosomatik und Medizin. Manual für die Praxis. (3. Auflage) Heidelberg: Springer-Verlag, S. 749–760.

Storch, M. (2006): Wie Embodiment in der Psychologie erforscht wurde. In: Storch, M.; Cantieni, B.; Hüther, G.; Tschacher, W. (2006): Embodiment. Die Wechselwirkung von Körper und Psyche verstehen und nutzen. (1. Auflage) Bern: Verlag Hans Huber, S. 73–98.

Tesarz, J.; Seidler, G. H.; Eich, W. (2015): Schmerzen behandeln mit EMDR. Das Praxishandbuch. Stuttgart: Klett-Cotta.

Thomä, H.; Kächele, H. (2006): Psychoanalytische Therapie. Grundlagen. (3., überarbeitete und aktualisierte Auflage) Heidelberg: Springer Medizin Verlag.

Trenkle, B. (2015): Utilisation. In: Revenstorf, D.; Peter, B. (Hrsg.): Hypnose in Psychotherapie, Psychosomatik und Medizin. Manual für die Praxis. (3. Auflage) Heidelberg: Springer-Verlag, S. 95–99.

Wagner, J. (2016): Die Beziehung zur eigenen Symptomatik. Entwicklung eines Konstrukts im hypnosystemischen Konzept. (Unveröffentlichte Masterarbeit) Psychologisches Institut der Ruprecht-Karls-Universität Heidelberg.

Wais, K.; Revenstorf, D. (2008): Metaanalyse zur Wirksamkeit der Hypnotherapie. Elf kontrollierte Studien zu verschiedenen Störungen. In: Hypnose-ZHH, 3 (1+2), S. 57–68.
http://www.meg-stiftung.de/index.php/de/component/phocadownload/category/1-artikel?download=34:hypnose-zhh-0804-wais (abgerufen am 22-05-2017)

Walker, W. (1998): Abenteuer Kommunikation. Bateson, Perls, Satir, Erickson und die Anfänge des Neurolinguistischen Programmierens (NLP). (2., in der Ausstattung veränderte Auflage) Stuttgart: Klett-Cotta.

Watkins, H. H.; Watkins, J. G. (2003). Ego-States -Theorie und Therapie. (1. Auflage) Heidelberg: Carl-Auer-Systeme Verlag.

Wisniewski, B. (2012): Reduktion von Prüfungsangst. Training metakognitiver Kontrolle als Intervetionsstrategie. Dissertation. Hamburg: Verlag Dr. Kovac.

Zubrägel, D.; Linden, M. (2008): Generalisierte Angststörung. In: Linden, M.; Hautzinger, M. (Hrsg.): Verhaltenstherapiemanual. (6., vollständig überarbeitete und erweiterte Auflage) Heidelberg: Springer Medizin Verlag, S. 511–516.

Anhang / Transkript des Experteninterviews mit Dr. Gunther Schmidt

Transkript des Experteninterviews zum Thema „Prüfungsangst" vom 28.02.2017 mit Dr. Gunther Schmidt

I: = Interviewer / Philip Häublein
E: = Experte / Dr. Gunther Schmidt

I: Ja also nochmal vielen Dank, dass das Interview zustande kommt Herr Dr. Gunter Schmidt! Meine Masterarbeit beschäftigt sich mit dem hypnosystemischen Ansatz und Prüfungsangst bei Studierenden. Es gibt Studien ... eine Studie vom BMBF von 2004 hat festgestellt, dass 14 % aller Studierenden und Schüler dieser Studie unter Prüfungsangst leiden[235]... und da stellt sich natürlich die Frage, wie geht man mit dem Phänomen um? Kann man da irgendwas machen? Und meine erste Frage an Sie ist: Quasi dieses Phänomen der Prüfungsangst – dieses Angsterleben ... ist das quasi als eine Form von Problemtrance zu bewerten aus hypnosystemischer Sicht?

E: Na erstmal finde ich es überraschend niedrig, wenn es nur 14 % wären, weil ich würde eher davon ausgehen, dass letztlich – zumindest mal nicht übermäßig stark, aber doch schon erheblich – diese Angstreaktionen bei viel viel mehr Studenten oder überhaupt Prüflingen, welcher Art auch immer, stattfindet. (01:05) Aus meiner Sicht hat das was mit evolutionsbiologischen ... ja man könnte auch sagen Kompetenzen zu tun, weil das ist ein Kontext von Abhängigkeit, von Ungewissheit und von einer erlebten hohen Gefährdung könnte man sagen. Und insofern ist das eine ganz natürliche unwillkürliche Reaktion ... ich würde deswegen sagen – eine Kompetenz (01:30), die dann anspringt ... man sollte sich nur nicht mit der Angst beschäftigen nur, sondern mit den damit signalisierten Bedürfnissen. Weil die Angst ist wie eigentlich jede Emotion aus meiner Sicht eine wichtige Kompetenz, aber die Angst alleine macht das noch nicht nutzbar ... sondern wie jede Emotion, hat die eine Richtung. (01:55) Die Richtung der Angst, die geht ja erstmal von der Bewegung her in Richtung Flucht ... ist aber eigentlich ein Bemühen oder eine Lösungsstrate-

---
[235] Vgl. Fehm, L.; Fydrich, T. (2011): Prüfungsangst. Göttingen: Hogrefe Verlag, S. 14

gie, um Sicherheit und Schutz herzustellen, um wieder handlungsfähig zu werden dadurch. Jetzt ist das halt im Kontext Prüfungsangst so – man kann das „Problemtrance" nennen, aber ich würde das eigentliche eher „Lösungsversuch" nennen, in Gefährdungs-Kontexten … und dann könnte man wieder kucken, was sind da die Bedürfnisse dahinter … und gibt's die in diesem Kontext, auf diese Art oder eine andere Art (02:25) … und die gibt's natürlich nicht über die … wenn man der Angst folgt, die Angst muss genutzt werden … oder nicht abgewertet, pathologisiert oder problematisiert werden … deswegen würde ich lieber nicht von „Problemtrance" reden – man kann dass so sagen – weil die Leute selber würden das natürlich als Problem ansehen. (02:45) Aber eigentlich schon die Bezeichnung „Problemtrance" bietet eine Art Realitätskonstruktion oder eine Aufmerksamkeitsfokussierung, als ob das ein Problem sei. Eigentlich ist das eine „Bedürfnis-Botschafter-Trance" … könnte man es nennen … da meldet sich ein Bedürfnis … nach Schutz, Sicherheit, Handlungsfähigkeit … irgendwie in dieser Richtung … (03:05). Das Dumme ist natürlich in diesem Kontext „Prüfungssituation" kriegt man das typischerweise nicht von außen … natürlich ist aber die erste Strebung wie man es erreichen will durch irgendwelche Maßnahmen von außen … aber die sind halt dann nicht gewährleistbar … weil naja, man kann die Prüfung, die Reaktionen der Prüfer – man ist ja in einer Abhängigkeitsbeziehung – die kann man ja eigentlich nicht garantieren oder kontrollieren … Also insofern, solange man sich vom Ergebnis alleine abhängig macht – in dieser Art der Trance – das ist ein Teil warum die Angst überhaupt entsteht … (03:40) Wenn man es rekonstruieren würde – diese so genannte Trance – und es hat Trancequalität deswegen, weil es unwillkürlich ist und vollkommen einseitig unwillkürlich dominiert ist … Oft, wenn es ganz schlimm ist, ohne bewusst-willentlichen Einfluss, den man erstmal erlebt. Erstmal, … das kann sich ändern. Aber dann ist, wenn man es rekonstruiert – was ist Teil dessen, was diese Eskalation der Angst usw. bringt eben auch die verzweifelte Hoffnung oder die verzweifelte Bemühung Sicherheit zu kriegen durch irgendetwas von außen … (04:15) und da haben wir halt wenig Chancen … d. h. mit jedem Mal wo man sich an diesem Zielkriterium orientiert, verstärkt man die Ohnmachts-Erlebnisse und damit die Angst … das ist ein Rückkopplungsprozess … in dieser Form … Deswegen würde ich dann schon so vorgehen, … dass man diese – von mir aus nennen wir sie „Problemtrance" – rekonstruiert und damit aber bewusster willentlich zugänglich macht, also eine Meta-Beobachter-Position oder so aufbaut und von dort aus guckt, wie kann man denn andere Strategien finden die diesem dahinterliegenden Grundbedürfnis mehr dienlich sind ... und das ist eben nicht der Blick nach außen in die Ergebnisorientierung, sondern auf eigene Gestaltungsmöglichkeiten ... das erstmal so als Einstieg (05:00)

I: Vielen Dank, die zweite Frage knüpft da auch recht gut an. Welche Interventionsformen liefert der hypnosystemische Ansatz zum Umgang mit Prüfungsangst, die dann z. B. auch bei Studierendenberatungsstellen angeboten werden könnten? (05:15)

E: Ja, da gibt es ganz viele ... und natürlich gibt es da Überlappungen zur Hypnotherapie ... vielfach ist es eben so, dass in der Hypnotherapie, je nachdem wie man sie halt angeht – auch in der ressourcenorientierten Hypnotherapie – wird dann immer noch doch von manchen Leuten, nicht von allen Gott sei Dank, diese Angst als Problem angesehen und man versucht dann in Lösungsressourcen-Aktivierung zu gehen, die die Angst reduziert oder „wegmacht" ... und das halte ich aus einer hypnosystemischen Sicht für einen nicht genügend wirksamen Aspekt, weil dann ist immer noch sozusagen – oh hoffentlich kommt's nicht wieder ... – drin (5:50) ... wenn man jetzt aber die Problemtrance-Prozesse – ich nenn es jetzt mal wieder so – rekonstruiert, dann zeigt sich die Angst vor der Angst – dass sie wieder kommt – das ist ein massiver Bestandteil dessen, was das Problem überhaupt aufrechterhält oder sogar eskalieren lässt ... und zwar hat das wieder damit zu tun, dass diese sogenannte Angst eben negativ bewertet wird ... was ja verständlich ist, wenn die einen überflutet, ist man ja handlungsunfähig quasi. Also müsste erstmal eine Umwertung der Angst entstehen ... ist eine wichtige Reframing-Richtung ... dass die Angst, wie ich jetzt schon ein bisschen angedeutet habe zu einem Botschafter von anerkennenswerten – anerkennenswerten – Bedürfnissen wird. (6:30)

Damit müsste aber das Ziel auch anders werden, weil das sind unwillkürliche Prozesse – Angst ist ein unwillkürlicher Prozess – und die Amygdala feuert, ob es einem passt oder nicht ... und wenn die schon mal in dieser Richtung massiv angetriggert war, dann ist damit ein gebahntes Muster da – man könnte nach der Hebbschen Regel, in der Hirnforschung Hebbsches Gesetz „Zellen, die miteinander [feuern], vernetzen sich" usw. ... daraus dann auch ableiten, und das ist höchstwahrscheinlich dann auch

so ... wenn an den Kontext „Prüfung" gedacht wird oder man geht rein ... ob man will oder nicht, triggert dass den Angstprozess (07:10)
Wenn jetzt das Ziel wäre – ich kann dann das gut machen und es wäre gelöst wenn die Angst weg wäre, dann ist dass genau ein Ziel, was das Problem verstärkt ... Also müsste schon von der Ziel – als erstmal das ganze reframen – und dann müsste unbedingt aber auch an Zielen gearbeitet werden, die selbstwirksam erreichbar sind – und das Ziel „Angst soll weg sein" ist nicht selbstwirksam erreichbar! Das ist aber auch kein Problem ... man müsste also neue Ziele aushandeln mit den Leuten – und das kann man strategisch gut machen – da habe ich extra Modelle dafür entwickelt – wie diese Angst als Restriktion sozusagen definiert wird und so im Sinne von ... also ich sag das manchmal so als Eröffnung für diese Art von Strategie zu den Leuten „Schauen Sie, ich bin kein Hellseher, aber ich würde davon ausgehen, wenn Sie das erfolgreich lösen, und da bin ich sehr zuversichtlich, dann werden Sie das lösen im Sinne, dass Sie es mit Angst lösen, nicht ohne ... Sie lösen ihr Problem mit Angst – nicht ohne" um die Angst als von einem „entweder-oder" in der Erwartungshaltung zu einem „sowohl als auch" zu kommen. (08:12)
Während – und dann kann man mit einem weiteren strategischen Schritt – die Angst als eine „Seite" definieren, mit einem „Seiten"-Modell ... und dann eben „die Angst, das sind gar nicht Sie" ... die Leute sagen „ ja, ich hab Angst und will sie nicht weg haben" ... damit assoziieren sie das ganze [undeutlich: Team] und verlieren Wahlmöglichkeiten ... und dadurch wird jetzt der Bereich der Wahlmöglichkeiten wieder eröffnet ... und damit wird es auch vom Abstand her dissoziiert mehr ... „Das sind nicht Sie, vergleichen Sie doch mal ... vergleichen Sie doch mal ‚ich' oder ‚eine Seite von mir' hat massiv Angst" ... dann hat sofort „dies ist eine Seite" nach meinen Evaluationsstudien – 95 % der Leute berichten sofort: „Das hat erleichternde Wirkung!" (8:53) und dann kann man mit den Zielen arbeiten ... „kucken Sie, was wäre das für ein Ziel, was würde das für Sie bewirken, wenn Sie sagen würden ‚die Angst darf noch bleiben, aber ich möchte gut mit ihr umgehen können und sie womöglich sogar nutzen können?'" – Utilisationsprinzip jetzt wieder – und das geht dann eben über dieses „Seiten"-Modell ... dann ist also da ... wird das Ziel neu verhandelt ...

„Ich kann ein gutes Ergebnis oder ein Ziel ... ich kann da wunderbar reingehen mit Angst, nicht ohne" und dann wird weiter noch gekuckt als nächster Schritt ... wie kann z. B. diese Seite, wenn man schon mit diesem „Seiten"-Modell gearbeitet hat – quasi personifiziert oder sonst irgendwie in diese Richtung konturiert werden ... und dann haben wir sofort die Angst als Botschafter von Bedürfnissen ...
Typischerweise geht mit der Angst eine Altersregression einher, d. h. jemand fühlt sich wie fünf [Jahre alt] vielleicht, ausgeliefert ... ohnmächtig ... Dann kommen immer auch – das sind wichtige Interventionsformen die da dazugehören – dass das alles transparent, mit wie ich das gerne nenne „Produktinformationen" ... mit also Erklärungen, Informationsgabe gemacht wird ... (9:57)
Also sollte die therapeutische Arbeit auch den Aspekt einer kleinen Weiterbildung haben, im Sinne „Schauen Sie, wenn Sie z. B. sich fühlen wie fünf, dann heißt das, der Fünfjährige in Ihnen reagiert, aber der ist nicht verbunden mit den Kompetenzen und Ressourcen des Erwachsenen ... der braucht was anderes ... was bräuchte der Fünfjährige?" Dann fokussieren wir also auf die Selbstbeziehung ... Auf die Beziehung desjenigen zu sich selber ...
„Und was bräuchte der dann?" ...
„Wie können Sie mit dem innerlich ... also im inneren System umgehen, so dass der beruhigt wird?" – und der wird eher beruhigt, wenn er Angst haben darf! Wenn er nichts ändern muss. Der Fünfjährige, oder wer immer das ist, der darf weiter Angst haben ... Dem kann man, das ist dann eine Umfokussierung auch ... kann man über den Kopf streicheln ... da kann man so kleine Rituale machen – auch körperlich

I: Innerlich visualisiert? Oder ...
E: Visualisiert, aber oft ist es noch wirksamer, wenn man das mit einer kleinen gestischen symbolisierten – gestischen – Haltung oder sowas – einer Bewegung – macht... „Wäre der rechts von Ihnen ... links von Ihnen?" da arbeitet man mit dem inneren Raum und der inneren Platzierung „Wo würde er optimal platziert, der bedürftige Teil von Ihnen ... so dass Sie ihn gut versorgen könnten?" ... weil der geht halt mit ... dann sage ich oft - das sind dann Intervention auf der Ebene der Beschreibung - „ Sie gehen doch nicht alleine in die Prüfung, Sie gehen doch mit dem hin ..." und der wird dann auf den Schoß gesetzt oder rechts oder links ... und dann kann man für sich selber so eine kleine Codierung ma-

101

chen [E: macht eine kleine Geste mit stimmlicher Begleitung vor] ... und das gleich verbinden wieder, neu vernetzen mit einer Tiefenatmung oder so, dass sofort wieder eine andere Fokussierung bringt ... [E: macht nochmals eine Geste mit stimmlicher Begleitung vor, mit anschließender Tiefenatmung]
„Eine Seite von mir hat Angst" – die kann man benennen, dass ist eine eigene Intervention ... „heißt die Otto, oder was weiß ich...?" und dann kann man in die Richtung gehen – „O. K., und der Andere?" – weil die Erinnerung an die Kompetenzen hat nicht der Fünfjährige ... „Wie kann jetzt geholfen werden, dass der Andere" so irgendwie zurück ... (11:50) und da wäre eine weitere Interventionsebene dann, dass man die Ziele für dieses Prüfungsergebnis so gestaltet, dass man nicht davon abhängig wird im Sinne von Stress ... man will eine gute Prüfung machen – klar, ist verständlich ... nur, da kann man jetzt sehr schön hypnosystemisch damit arbeiten, indem man dann das Ziel platziert ... indem man sich vorstellt, „O. K., wo wäre das Ziel, so dass Sie es so platzieren in Ihrer inneren Welt, dass es kraftgebend wirkt?" ... Man hat nicht ein Ziel oder hat es nicht, sondern das Ziel ist sofort – es ist eine Interaktion zwischen dem Zielgeber und dem Ziel – und wenn der Zielgeber sich ein perfektionistisches großes Ziel setzt, dann führt das zu einer Art Schrumpfung im eigenen Erleben ... und zum Riesenberg des Ziels – das erdrückt einen wieder, stärkt wieder die Angst ... „Also wie könnten Sie" – und dann kann man das auch schön mit dem ganzen Körper modellieren „wenn Sie schon jemals mit Handlungsfähigkeit, Überblick usw., gestärkt im Rücken irgendwas angegangen sind" modellieren wir mal diese Physiologie – die „Lösungs-Physiologie" ... und von dort aus kucken wir dann mal, „wo müssten Sie das Ziel hinplatzieren, in Ihrem inneren Erlebnisraum, so dass das zu dieser Haltung passt?" ... also wird es umgestellt, zuerst die Haltung, dann das Ziel „und wie würde das Ziel dann modelliert werden, dass es dazu passt?" (13:15) „muss es eine Eins sein? Kann es was weiß ich was sein?"
... und immer noch würde ich eine Art – weil das stärkt diese Schutz und Sicherheitshaltung – Imaginationen machen „jetzt spielen wir mal den Worst-Case auch durch" ... Sie würden die Prüfung nicht schaffen – was man nicht will, ist ja ganz klar! ... und das müssen wir aber immer auch erklären – „wenn Sie sie nicht schaffen, nicht dass wir das wollen, aber das Sie freier sind vom Ergebnis" ... weil in dem Moment, wo man sich vom Ergeb-

nis abhängig macht, kommt man aus dem Kontakt mit seiner optimalen Ressourcen-Situation ...
„O. K., spielen wir den Worst-Case durch. Das wäre das Allerschlimmste und Sie würden die Prüfung nicht bestehen. Was wäre das Schlimmste daran und was würde Ihnen dann helfen um das zu bewältigen?" weil dass macht freier und geschützter und sicherer! Also nicht nur in die gewünschte Richtung. (14:05) Insgesamt muss man sagen, wäre es ganz wichtig, dass man die ganzen Hindernisse auf dem Weg alle mit ins Blickfeld rückt! Es gibt jede Menge Forschungen – die Gabriele Oettingen, deren Forschung ich sehr schätze in der Richtung, die hat da viel darüber gearbeitet, dass wenn man nur die Lösungsressourcen-Modelle nimmt, dass das viel weniger hilfreich ist, als wenn man die Hindernisse auf dem Weg in den Fokus rückt, und dann wieder kuckt „Was machst du mit den Hindernissen ressourcenorientiert, so dass das in die Richtung geht?" und das muss wieder in den Fokus ... in der Form ... und deswegen, „ja, was könnte auftauchen an Hindernissen?" – auch die Katastrophen-Phantasie „oh Gott oh Gott, dann bin ich verloren ... oder so" ... „Ja dann spielen wir die doch ruhig mal durch ... von wo würde die kommen? Wie würde sie über Sie kommen können, so dass sie Sie fertig macht? Und wie könnten Sie antworten darauf?" ... [Wechsel zu anderen Seite] „O. K., selbst dann bin ich was wert!" Dann kann nämlich auch sogar – ich mach's jetzt ein bisschen dicht und schnell, das können Sie dann ja auseinandermachen – kann daraus eine zusätzliche Chance werden mit der Angst, dass die Angst zu einer Art „Würdigungs- und Sinnstiftungs-Erinnerung" wird. (15:18) „Sind Sie nur was wert, wenn sie die Prüfung geschafft haben? Sind sie ein wertloses Objekt, wenn Sie die Prüfung nicht geschafft haben? Oder was macht sie als würdiger Mensch aus usw." ... Da kann man dann wieder schön extra eine eigene Trance oder eine eigene – das kann man auch im Gespräch machen – man kann's auch imaginativ ... „Sie spüren, ich bin ein wertvoller Mensch an sich und für mich ... ich will was leisten, aber davon hängt nicht mein Wert ab!" ... wenn man so in diese Richtung arbeitet, wird die ganze Haltung viel freier ...
und dann kann man natürlich diese ganzen Ressourcen – das sind dann die Schritte auf der Lösungsebene „O. K., nehmen wir an Sie haben schon mal irgendwie eine Situation gehabt, wo Sie auch gefordert waren, und dann floss sozusagen ... aus Ihnen heraus ... Sie mussten sich gar nicht groß anstrengen ... floss die In-

formation ... was wäre so ein Bild ... es gibt einen inneren Quell in mir, in dem ist das alles gespeichert und dann fließt es mir zu ... und so ... welche Atmung, welche Haltung?" das kann man alles modellieren (16:25) ... und so kriegt man dann eine „Lösungs-Physiologie" hin, verbunden mit solchen Bildern ...
und dann würde ich in jedem Fall eine „Problem-Lösungs--Gymnastik" noch dazu anbieten, weil das passiert ja schnell wieder – das müsste man den Leuten auch in jeder Sitzung immer wieder sagen „Sie können das noch so toll machen, es kann Sie wieder überfallen" ... ich nenn das „Ehrenrunde" ... und dann wär's gut wir planen schon gleich ein, „wie können Sie mit solchen Ehrenrunden so umgehen, dass Sie die nutzen können" und da ist eine „Problem-Lösungs-Gymnastik" gut ... Da macht man z. B. „Zu wem würden Sie werden, wenn es Sie wieder überfällt?" und es extra übertrieben machen, und dann „Ah, das erinnert mich an: Ich bin nicht davon abhängig! Ich will mein Bestes ... und da fließt es" und so ... so kann man das dann immer in Verbindung bringen so auf diese Art und Weise
I: Mhh (ja) (17:15)
E: Weitere Interventionen können – ist das O. K. so?
I: Ja, ja, wunderbar!
E: können dann natürlich sein, dass – wissen Sie, es ist manchmal gar nicht so einfach für die Leute das zu kapieren am Anfang – auch für Therapeuten! – die wollen natürlich, die Leute, die Prüfung bestehen, aber es gibt oft eine unbewusste Ambivalenz gegenüber dem Erfolg den man hat auch ... und deswegen kann es auch sein – am besten prophylaktisch – spielt man mit den Leuten durch „Jetzt nehmen wir mal an Sie wären ganz erfolgreich gewesen, was kommt dann auf Sie zu? Was erwarten Sie dann?" Weil da gibt es viele Leute, die – das ist aber nicht bewusst erkennbar weil die das nur alles auf die Prüfung fokussieren – die Angst käme davon, aber es gibt nicht selten Situationen nach meiner Erfahrung, da ist es natürlich auch schwierig mit der Prüfung, ... aber die eigentliche Stärke der Angst ist sehr stark dadurch gekennzeichnet, dass jemand unbewusste Fantasien hat – das sind fast immer unbewusste Fantasien – (18:15) „wenn ich sie bestanden hätte, dann würde was weiß ich, der Ernst des Lebens beginnen und das Leben wäre vorbei ... oder ich würde meinen Vater entwerten oder meine Mutter, weil ich mich über die Stelle" – Loyalitätsleistungen ... oder ich hätte so viel zu leisten, dass ich überhaupt keine andere ... das ich fremdbestimmt bin, oder ich

würde mich erheben über Freunde, oder ich müsste meine Familie verlassen ... da gibt es unglaubliche Dinge! ... und die müssen keine Rolle spielen, aber ich würde es vorsichtshalber immer mit abprüfen ... also gerade „Welche Auswirkungen hätte der Erfolg in Ihren jeweiligen Beziehungen?"

I: Ja

E: Und „Welche Auswirkungen hätte es, wenn Sie es nicht machen [= Misserfolg in der Prüfung] in Ihren Beziehungen?" (18:55) Oft ist da dann eine Art Kosten-Nutzen Vergleich noch drin, dass sich zeigt „ich wäre erfolgreich...", aber viele Leute erleben dass, wie wenn Sie einen Verlust von Freiheit hätten, wenn sie erfolgreich sind in der Prüfung ... und dann kann man natürlich wieder wunderbar als nächsten Schritt mit Ihnen erarbeiten ...
„wenn Sie noch so erfolgreich sind, verpflichtet Sie das zu gar nichts!" ... weil viele Leute haben so unbewusst das Programm: „Wenn ich erfolgreich bin, muss ich XYZ machen", sie wollen es aber gar nicht ganz ... ist doch verständlich ... und wenn sie dann aber Angebote kriegen könnten „Sie können erfolgreich sein wie Sie wollen, Sie haben danach die völlige Freiheit! Sie können's machen, oder Sie können was ganz anderes machen ... was weiß ich, bloß weil man erfolgreich ist, ist man noch lange nicht zu was verpflichtet!" das macht wieder einen ganz anderen freien Gestaltungsraum ... dass wäre dann auch noch eine wichtige Sache da dazu ... (19:50)

I: Mhhh

E: Das wären jetzt so einige Schritte mal ...

I: Ja, das war schon mal einiges ... genau, das ist jetzt eigentlich die dritte Frage, die dann ... die wäre gewesen: Wie könnten Interventionen konkret aussehen? Aber das ist ja im Prinzip jetzt schon relativ konkret gewesen.

E: Ich könnte das alles im Detail nochmal ausarbeiten

I: Ja, aber das würde dann wahrscheinlich den Rahmen sprengen ... Ähm, jetzt es ist so, es gibt zwei Wissenschaftler aus Berlin, Fehm & Fydrich, die haben sich auch relativ viel mit Prüfungsangst auseinandergesetzt und die haben quasi gesagt, dass diese Prüfungsangst auf 4 Ebenen stattfindet: (20:23) emotional, kognitiv, Physiologie und Verhalten – diese Ebenen werden ja bei diesen Interventionen die Sie gerade vorgeschlagen haben berücksichtigt, oder?

E: Genau, also kann ich nur zustimmen ... das erfasst das gesamte System auf allen Ebenen.

I: Ja, genau. Kossak schlägt vor, dass man stattdessen 7 Ebenen ... also er sagt: emotional, kognitiv, physiologisch, Motorik, Motivation, Attribution und Imagination.

E: Das ist aber in dem was ich sagte auch drin, ... die Motivation ist das was wir jetzt ein bisschen zum Schluss da gehabt ... die Motorik ist ganz klar da drin, kann ich eigentlich auch nur zustimmen ... es ist eigentlich das Gleiche, was die anderen auch sagen.

I: Ja, natürlich!

E: Es ist noch ausdifferenzierter

I: Ganz genau

E: Und auch die Imagination, die ist sehr wichtig ... es wäre nur ... es wäre auch schön – also das kann man dann zerlegen in verschiedene Imagination – z. B. kann es sehr schön sein eine Imagination zu machen, man hätte es geschafft, „was wäre dass dann für ein Gefühl usw." ... aber nicht allein, meine Erfahrung ist wenn man das allein macht, ist es nicht so hilfreich, wie wenn man nicht auch noch eben diese liebevolle Unterstützung in der Selbstbeziehung macht. (21:35)

I: Ja

E: Ist eine eigene Imagination, die man wieder mit Motorik machen kann ... und natürlich auch, dass man diesen Motivationsaspekt rein bringt „Wofür eigentlich willst du die Prüfung machen?" ... und es kann manchmal sogar ganz gut sein, das muss man allerdings im Einzelfall sehen ... dass ich sozusagen die Rolle des Advokats der Gegenseite spiele und sag: „Was müssen Sie eigentlich so 'ne Scheißprüfung machen? Wo sind Sie so, Sie können doch auch ohne Prüfung ... wofür?" nicht warum! „Wofür um Gottes willen wollen Sie die Prüfung machen?" (22:05)
Nicht um ihm das auszureden, sondern um zu sensibilisieren dafür: „Wofür macht es mir Sinn?" ... Und wenn der Sinn nur ist, „ja, dass meine Eltern zufrieden sind ... oder das oder jenes", das hat oft viel weniger Kraft ... wenn ich dann mit den Leuten an der Sinn-Komponente arbeite und so, „Hat's für Sie selbst in Ihrem eigenen Entwicklungsprogramm ... so, dass Sie zu der Person – sich erlauben – zu der Person zu werden, die Ihnen gemäß ist ... hat es dafür auch Sinn?"

I: Ja

E: Und wenn's da Sinn hat, ist die Zugkraft besser! Das ist ja der Motivations-Aspekt dann auch so ...

I: Und wenn das dann eben nicht kommt, ... dann könnte man auch sagen, dann ist vielleicht die Prüfung auch nicht so wichtig ... oder?

E: Ja, das wäre eine Möglichkeit, aber da habe ich bessere Erfahrungen wenn ich dann sage „Naja, dann müssen Sie sie ja nicht machen, aber wenn Sie's trotzdem machen wollen, dann ist es eine doppelt anerkennenswerte oder noch eine zusätzlich anerkennenswerte Leistung, ... weil dann ist es nicht ... Sie machen endlich ihre Prüfung, sondern Sie machen in heldenhafter Weise ein Loyalitäts-Geschenk an Erwartungen von Eltern." ... Das kann ja auch eine sehr sinnvolle und zu würdigende Sache sein. Dann ist es wieder das Eigene – nicht, ich habe mich unterworfen oder ich mach jetzt brav irgendwie so ... Ich müsste nicht! – immer ist wichtig, dass der Fokus der Wahlfreiheit drin ist (23:20) ... „Ich müsste nicht, aber ich mach das trotzdem ... obwohl es nicht mein Eigenes war, aber dann ist es umso mehr zu würdigen!" ... dann können Sie mit erhobenem Haupt da rein gehen! „Ich gehe nicht nur in eine Prüfung! Ich gehe in die Zelebrierung eines Loyalität-Geschenks für meine Eltern" - dann haben Sie wieder ein anderes Framing!

I: Mhhh

E: So, und damit ist es sofort wieder anders.

I: So ist es wieder eine positive Selbstbeziehung dann, die wird da wiederhergestellt.

E: Genau, und es ist eine Stärkung der Autonomie, die da drin ist ... und das spielt unterschwellig eben oft eine Rolle, dass unterschwellig die Autonomie so gefährdet erlebt wird und so in Frage gestellt ... und es dann unterschwellige Rebellions-Reaktion ist, die aber nicht als solche im Bewussten erscheint – da erscheint nur die Angst – und wenn aber die Rebellion als Autonomieleistung wieder gewürdigt wird, dann kann jemand freier wählen ... und dann kann er trotzdem da reingehen (24:15)

I: Mhhh, ja spannend! Dann habe ich noch eine Frage: Ich hab eine Therapeutin in Berlin [interviewt], die beim Studentenwerk arbeitet und Prüfungsangst-Seminare sozusagen macht ... die arbeitet recht viel mit Psychodrama und hat damit sehr positive ja Erfolge

E: Mhhh

I: Kann man das auch als - Also ich hab sie explizit gefragt ob sie mit hypnoherapeutischen Interventionen arbeitet und da hat sie gesagt: „Nee, macht sie gar nicht!"

E: Ja, dass meint Sie, das meint Sie.

I: Genau, das ist jetzt die Frage! Meine Vermutung war … ist das … also da werden jetzt z. B. spielt Sie die Prüfung mit den Studierenden durch … und dann gehen die Studierenden … ihre eigene vielleicht schon mal negativ gelaufene Prüfung wird durchgespielt, und dann gehen sie aus der Rolle raus, lassen jemand anders das Spielen und coachen dann diese Person in dieser Rolle … Das ist ja eigentlich auch pure Trance-Arbeit wenn man so will oder? (25:03)

E: Selbstverständlich! Ich hab' selber viele Psychodrama-Gruppen geleitet und früher im Moreno-Institut in Stuttgart mitgearbeitet und bei den Psychodrama-Ausbildungen … als ich kenn das Konzept sehr gut, und das ist also sozusagen dreidimensional ins spielerische übersetzt genau dass, was in einer Trance-Induktion passiert und es kommen auch immer Trancephänomene

I: Ja

E: Wenn der in diese Coach-Rolle geht … das ist so ähnlich wie wenn ich jetzt zu jemanden sag: „Jetzt gehen Sie in 'ne Identifikation mit jemand anderem … und Sie imaginieren jetzt, Sie seien der Ratgeber usw." das aktiviert die Ressourcen, die schon aber da sind!

I: Ja

E: Man kann nicht der Coach vom Anderen werden, wenn man nicht schon die Kompetenz hätte. Aber vorher waren die dissoziiert, jetzt werden sie wieder assoziiert

I: Ja

E: Durch das Spiel – überhaupt bei jedem Rollenspiel … Es gibt übrigens manche Hypno-Theoretiker – Theodore Barber z. B. – der die Auffassung vertreten hat, Hypnose wäre quasi gleichzusetzen mit Rollenspiel.

I: Aha

E: Von daher, ist das sowieso überlappend … und wenn Sie ein Rollenspiel machen, … da kommen Sie gar nicht drumrum, selbst wenn Sie nicht wollten, über Spiegelneuronenaktivität und sonst was gehen Sie so in dieses Bewusstsein rein, dass das unwillkürliche Prozesse reaktiviert die zu dieser Rolle gehören … und das ist eine ressourcen-aktivierende Intervention. Ganz klar!

I: Ja (26:15)

E: Also insofern können Sie sagen: Toll, dass sie es noch nicht merkt, wie klug sie hypnotherapeutisch arbeitet, aber das ist ja auch nicht so wichtig!

I: Ich hab's mir dann auch gedacht, dass das bestimmt eigentlich auch 'ne Trance-Arbeit ist, aber sie nennt's halt anders.
E: Ja, ja ...
I: Ist ja auch völlig egal, ... wenn's funktioniert ist's ja wunderbar!
E: Genau! Diese Etiketten – das ist sowieso – wissen Sie, auch in der Hypnotherapie ist es so, da können sie auch verhaltenstherapeutische Aspekte finden oder auch psychodynamische Aspekte oder so ... das halte ich für ziemlich langweilig, diese Abgrenzung.
I: Ja ... ähm ... noch eine letzte Frage: Gibt's neue Effektivitätsstudien zum hypnosystemische Ansatz?
E: Das ist eine interessante Frage! (lacht) Also wir sind bei uns dabei halt ...
I: Am Systelios-Klinikum?
E: Ja, ja ..., da fragen Sie besser die Nora Wredenhagen, die weiß das!
I: O. K.!
E: Ich hab da den Überblick verloren, die Nora ist da aber ganz involviert da drin – Sie kennen die ja dann sicher – und die Nora, die hat den Überblick! ... Wir haben jetzt Grad vor kurzem – das ist aber keine Evaluationsstudie, die internationalen Standards standhält vermutlich, aber das können Sie die Nora auch Fragen ... Wir haben so die letzten 4 Jahre bei uns die Auswertung gemacht ... die Zufriedenheitsrate war unglaublich gut! Also 99 % der Leute waren sehr zufrieden und die Effektstärken, wie die Nora das auch berichtet hat, z. B. bei Depressionen oder so lagen bei über 1,6 oder sowas, also ganz erhebliche ... viel mehr als der Durchschnitt üblicherweise
I: Wie ist denn der Durchschnitt so?
E: Bei 0,9 oder 1,0 maximal oder was ... also so nach dem ... und von daher – wir machen immer mit dem Günter Schiepek zusammen immer diese [Wort unverständlich] Sachen, aber ich ... wie viel da jetzt schon – na das weiß die Nora besser, fragen Sie die Nora!
I: Ja O. K.! Nora Wredenhagen?
E: Ja, Wredenhagen.
I: Ja ja, das kriege ich raus.
E: Das kriegen Sie raus ... Sie ist die Forschungsbeauftragte bei uns in der Klinik.
I: O. K. Gut, dann wende ich mich an sie [Fr. Wredenhagen] nochmal!
E: Ja.
I: Alles klar, also ich glaube von den Fragen her ... es ging schneller als ich gedacht hab ... vielleicht noch eine Sache: in Ihrem Buch

„Einführung in die hypnosystemische Therapie und Beratung", da schreiben Sie ja diese Prinzipien, dass es quasi ... es gibt quasi die Muster-Unterbrechung, Muster-Bereicherung, Überladung/ Komplexitätserhöhung und dann eben „verrühren" von Sequenzen, also dass man quasi die Reihenfolge ändert ... (28:45)

E: Klar, da hätte ich jetzt noch natürlich ein paar mehr Intervention anbieten können ... also z. B., Sie können mit Vernetzung – das sind alles dann Utilisationsstrategien, die habe ich auf diese Art so halt kategorisiert ... also wenn z. B. Angstimpulse kommen, dann kann man das richtig mit den Leuten üben ... mit jedem Angstimpuls der kommt, „was könnte man für Bilder assoziieren?" – Vernetzung, man könnte das auch als Vernetzungsarbeit bezeichnen ... also Assoziationsarbeit ... welche Körperreaktion, welche Atmung, welche Bewegungen ... z. B. können auch sehr hilfreiche Sachen sein, so etwas was man auch aus der Embodiment-Forschung kennt – dort heißt es das „palm-paradigm" ... Handflächen-Paradigma, „ich schaffe mir Raum, ... jedes Mal wenn wieder ein Angstimpuls kommt ..." [macht die Bewegung vor und verbindet diese mit Tiefenatmung] ... und dann innere Dialoge dazu installieren so ... man kann auch, also wenn man es unterbrechen will oder externalisieren – habe ich auch gute Erfahrungen damit manchmal, dass die Leute alle die inneren Dialoge und die inneren Fantasien die Angst machen – die Angst ist ja eigentlich Ergebnis einer Trance, einer hypnotischen Imaginationsfähigkeit ... man kann eine Angst nur haben, wenn man Zukunftsfantasien entwickelt mit „Worst-Case"-Szenarien, sonst geht das nicht ... (30:05) also ist es eigentlich eine Fantasietätigkeit ... insofern – und das kann man den Leuten übrigens auch sagen, dass Sie sowieso schon hervorragende Imaginationsspezialisten sind, sonst könnten die die Angst nicht ... dann haben wir wieder Reframing.

I: Ja

E: Und dann kann man kucken jedes mal ... „externalisieren Sie das doch, indem Sie das auf den MP3-Recorder sprechen" ... alle „Worst-Case"-Sachen so drauf ... dann ist es externalisiert ... und dann die Leute einladen „Na jetzt hören Sie es sich mal von außen an ... da kommt, wenn der Angstimpuls kommt (30:30) [macht ein Angst symbolisierendes Geräusch], dann hören Sie es von außen an" ... dann könnte man denken, dann kriegen die noch mehr Angst, wenn sie das von außen hören ... meine Erfahrung ist in praktisch 100 %, dass es nicht so ist! Weil man ist ein anderer – erlebender Beobachter, der das mit Abstand hört und der dann auch „naja mal sehen" ... wenn man dann noch verknüpft „Hören Sie es sich an, und während Sie es sich anhören [macht Tiefenatmung und geht gleichzeitig in „Lösungs-Physiologie"] Ja!" oder so, immer wieder, dann wird das neu verankert und jede Horror-Fantasie wird zur Erinnerungshilfe und somit utilisiert ... wieder

I: Ja

E: Da haben wir Reassoziation, Unterbrechung des Alten, Externalisierung ... vielfach sind das Kombinations-Interventionen, die habe ich nur kategorisiert (31:10)

I: Und Überladung ... Komplexitätserhöhung? Gibt's da ein Beispiel, wo man das brauchen kann, oder ist das in dem Fall ...

E: In dem Fall würde ich das nicht machen, weil die Leute sind schon überladen genug. Man kann es aber Ihnen in der Rekonstruktion – das ist ein wichtiger Teil für mich immer, dass ich mit ihnen auch durchspiele „Wir spielen jetzt mal das Drama der Angst-Induktion", was ja nicht von außen kommt, sondern von innen, „Das spielen wir jetzt mal Schritt für Schritt durch" ... und dann wird die Komplexität erfassbar, aber sie wird von einer Beobachter-Position – indem man es „extra" durchspielt ... z. B. ist das eine hilfreiche Sache oft: „Wenn Sie diese Angst haben wollten" - die wollen Sie natürlich nicht, das muss man dazu sagen „Was müssen Sie alles tun, wie müssten Sie atmen, wie müssten Sie stehen, welche inneren Dialoge, welche inneren Fantasien?" und wenn man das so rekonstruiert, dann wird die Komplexität erfasst, aber sie wird gleichzeitig auch reduziert ... überladen würde ich nicht, weil die Leute sind schon überladen ... und wenn Sie jemand überladen, dann wird er natürlich nur verwirrter (32:15) ... in dem Fall, wo jemand sowieso schon in einer Altersregression steckt, ihn vollkommen regredieren lassen, das ist nicht hilfreich!

I: O.k, ... so überhaupt zum Thema Konfusionstechniken und hypnosystemischer Ansatz ... also so wie ich es verstanden hab', ist ja ... sind Sie ja nicht mit alldem was der Milton Erickson so gemacht hat quasi einer Meinung

E: Ja

I: Und das man nicht offen legt, was quasi das Ziel ist, sondern dass man so indirekt arbeitet bzw. nicht transparent arbeitet ... das lehnen Sie ja tendenziell eher ab, habe ich das richtig verstanden?

E: Genau, und gerade bei ... also ich hab dem Milton Erickson viel zu verdanken und schätze ihn sehr, aber in dem Punkt bin ich völlig anderer Meinung. (33:00) Also erstmal auf der Beziehungsebene ist es ja so – und da ist es mit ein wichtiger Punkt, der ist jetzt in der Technik nicht so direkt beschrieben wenn wir es jetzt so sagen – aber das müsste jetzt unbedingt dazu! Vielen Dank dass Sie das so sagen, weil eine Prüfungssituation ist nur deswegen so schlimm für die Leute und macht so Angst, weil sie eben eine „Oben-unten-Beziehung" erleben (33:20) ... sowieso schon, das ist Teil des Problemmusters ... Wenn ich jetzt wieder indirekt arbeite und das nicht transparent mache für die Leute, entsteht ob ich will oder nicht eigentlich schon wieder in der Tendenz eine „Oben-unten-Beziehung"! Das ist keine Unterschiedsbildung ins Problemmuster! Aber Veränderung entsteht hypnosystemisch gesehen immer dadurch, dass ich das bisherige Muster durch Unterschiedsbildung verändere. Also müsste jetzt die Beziehung anders gestaltet werden als „oben-unten" (33:50) ... am besten gleichrangig – eigentlich sogar, dass „on-top" die Person ist!

I: Ja

E: Und letztlich stimmt das ja auch so, weil ich kann ja nichts in jemand hineintrichtern. Er ist sozusagen der eigentliche Therapeut und insofern bin ich nur hinzuarbeitender Dienstleister – und dann muss aber alles transparent gemacht werden! Weil was ich ja stärken will, was eben in der Angstdynamik fehlt, ist eine steuernde Meta-Position – die kann man extra aufbauen mit den Leuten – aber die kann ich natürlich auch in der Beziehungsgestaltung schon sozusagen modellieren – modellhaft. ... Und dazu gehört: Ich erkläre alles, lass alles mit kritischer Rückmeldung prüfen, dass immer die Leute die Möglichkeit haben „Ich bin der Steuernde, ich bin der, der gestaltet!" ... die Angst-Trance ist gekennzeichnet durch „Ich bin ohnmächtig und kann nicht gestalten", deswegen muss jeder Schritt eigentlich so gemacht werden, dass dieses Ohnmachtserleben oder das „Ich werde bestimmt durch Fremd-Kraft" umgedreht wird in „Ich gestalte, ich bestimme und sag' den nächsten Schritt!" ... und dafür muss Transparenz rein, dafür muss auch ständig Rückkopplung rein ... ich biete Ihnen an „Wie kommt es bei Ihnen an?" (35:00) ... dadurch wird auch noch Achtsamkeit und wieder Meta-Steuerposition gestärkt ... „Sie müssen das nicht übernehmen, was ich mach, sondern Sie prüfen kritisch" – und dann geht der Fokus auf innere Stimmigkeit – somatische Marker – und so ... und die entscheiden mit.

Das stärkt Autonomie usw. ... und das sind alles Unterschiedsbildungen – relevante – im Gegensatz zum Angst-Trance-Muster.

I: Mhh

E: Und von daher bin ich ganz klar für Transparenz und gegen Indirektheit – und wenn sie noch so gut gemeint ist ... und übrigens natürlich auch gegen Konfusionstechniken, (35:35) weil die sind ja schon konfus genug die Leute! Da muss man nicht noch mehr ...

I: Das war eben das, was ich gedacht hab, ... dass das eigentlich so dem entgegenspricht sozusagen.

E: Genau!

I: Gut! (35:55) Wie viele Sitzungen braucht man vermutlich – kann man so pauschal wahrscheinlich nicht sagen ...

E: Also es ist schwer ... wenn man so gezielt in diese Richtung arbeitet ... na jetzt muss man noch einen Aspekt dazu sagen: es gibt natürlich auch begründete Angst, wenn jemand z. B. nichts gelernt hat ... ja und das ist nicht so selten, dass Leute kommen und haben große Prüfungsangst ... und deswegen frage ich erstmal so: „Was haben Sie alles schon gemacht?" ... Und wenn dann klar ist: „Ja, ich hab noch gar nicht viel gemacht", dann sage ich: „Ja, hören Sie, ... dann nützt das nichts, wenn wir hier noch was machen ... dann dauert's auch länger, dass Sie es erstmal lernen!" das gehört auch zu der Dauer.

I: Ja

E: Sonst kann er ja nichts abrufen, wenn nichts da ist. Aber ansonsten würd' ich das eher lieber offen lassen, weil das schon wieder Druck machen könnte: ... es muss schnell ... so einen Druck haben die Leute genug ... aber jede Sitzung könnte die letzte Sitzung sein ... muss aber nicht! Ganz spielerisch offen ... und ich würde mal sagen im Schnitt 5–8 Sitzungen maximal ... normalerweise, manchmal ist es schon in 2–3 Sitzungen gemacht. Wenn man das systematisch so strukturiert angeht – und die Leute verstehen das ... verstehen vor allem, „die Angst darf kommen!"

Es ist letztlich, was eskaliert ist vor allen Dingen die „Angst vor der Angst" und die Bewertung „oh Gott oh Gott, es ist schlimmer!", was wieder die Fantasien – die Horror-Fantasien stärkt ... und wenn das weg ist, diese Zielvorstellung, „Naja, meine Angst ist wieder da ... so what ... da ist sie da, wie kann ich für sie sorgen, was kann ich so machen?"... dann geht's relativ schnell.

I: Mhhh

E: Aber ich würde mal sagen im Schnitt 5–8 Sitzungen. Das wär' so das Maximale, was ich ansetzen würde.
I: So, allerletzte Frage: Kann man das prinzipiell auch im Gruppensetting ...?
E: Klar! Im Gegenteil ... ich finde das sogar, dass man es im Gruppensetting oft noch effektiver machen kann, weil die Kraft der Gruppe – deswegen habe ich auch in der Systelios-Klinik gleich das Gruppenkonzept von vornherein eingeführt – die ist nicht zu unterschätzen! Das ist eine eigene Kraft, die geht weit über dass, was ein Therapeut machen kann hinaus ... kann wechselseitige Empathie bringen ... der Irving Yalom, der ja so ein Gruppen-Spezialist war, der hat das mal genannt, indem er so Erfolgsfaktoren für Gruppentherapien aufgelistet hat ... (38:05). Was einer der häufigst genannten wäre – der nannte das die „Universaltät des Leidens" ... Ich würde lieber sagen die „Universalität der Erfahrung", aber ... wenn jemand merkt „Ach Gott, ich bin ja gar nicht allein ... und anderen geht's auch noch so" ... das kann enorm entlastend sein auch für den Selbstwert, für die Selbst-Wertschätzung ... und deswegen sind in der Hinsicht Gruppen gut! Sie motivieren gegenseitig ... können sich ermutigen, wenn man sie strukturiert angeht. Das Gleiche kann man wie ein strukturiertes Programm in Gruppen machen ... dann immer wieder die Feedbacks einholen, wenn was nicht geklappt hat ... könnte sofort in der Gruppe wieder „Hey wie könnte man damit ...?" und so ... und in dem Fall ist das natürlich noch viel günstiger, weil da hat man ja einen gemeinsamen Themen-Fokus! (38:50) Wenn Sie die Gruppen in Systelios nehmen zum Beispiel, naja ... da kommen halt Leute mit völlig unterschiedlichen Schwerpunkten. Letztlich ist das kein Problem soweit wir arbeiten. Wenn man das systematisch macht, ist das ja gar keine inhaltliche Arbeit, sondern strukturorientierte, prozessorientierte Arbeit. ... Da können Sie die gleichen Interventionen machen für Zwänge, Ängste, Depressionen ... was weiß ich.
I: Ja
E: Aber wenn man so einen gemeinsamen Fokus hat, das hat oft noch eine solidarisierende – so eine Kohäsions-Wirkung, ... insofern kann man das sehr gut in Gruppen machen. (39:20) Da bringen Sie mich gerade auf so eine Idee. ... Könnte ich mal wieder anbieten! Heidelberg ist ja auch eine Studentenstadt, da gibt es Legionen von Studenten.

I: Die würden sich bestimmt freuen. Da gibt's bestimmt ein Riesenbedarf.
E: Ja, da bin ich ganz sicher!
I: Oder an Musikhochschulen auch ...
E: Ja, ja, da ist es auch wieder so. Da ist übrigens noch was, was man dazu noch machen könnte. ... (39:40) Ich mach das auch manchmal – gerade bei Ängsten. Ich hab ja diese Energie-Psychologie Konzepte auch nach Deutschland geholt. ... Fred Gallo und so ... und das habe ich speziell wegen der Selbst-Beziehung ... und das sind schöne Umfokussierungsachen. ... Da kann man natürlich sagen „das hat doch mit Hypnotherapie nichts zu tun!" Seh ich anders, weil da wird ganz klar umfokussiert über solche Klopftechniken und sowas ... und das kann man wunderbar hier mit reinnehmen ... und gerade in Gruppen ... und bei Musikertherapie – der Michael Bohne macht das sehr sehr intensiv ... und der macht es gerade mit Musikern viel, weil da kann man sagen, die haben den Dauerstress nicht nur in der Prüfung, die haben jedes Mal ... vor jeder Performance – und da kann man das sehr gut gebrauchen solche Dinge ... (40:15)
I: Ja, ich hab mir jetzt gedacht für das Interview ... ich lass quasi diesen Energie-Psychologie Aspekt raus, weil sonst wird's noch komplexer.
E: Ja ja, klar!
I: Weil das ist ja nochmal ein Riesenaspekt mit den ganzen Klopftechniken usw., aber ... man kann das quasi erweitern und das ist keine ...
E: Man könnte es vielleicht erwähnen, als eine zusätzliche Technik, die man aber jetzt nicht ... und aus meiner Sicht ist das vor allen Dingen eine hypno-orientierte Technik mit Ganzkörperbezug ... so in der Form. ... Ich bin ja sowieso der Auffassung, dass Hypnotherapie – also so verstehe ich die ganze hypnosystemische Arbeit – alle Sinne erfassen muss und dass immer mit dem Kontext verbinden muss, und deswegen auch ... In einem Artikel, den habe ich jetzt in diesem letzten Buch was wir veröffentlicht haben „Reden reicht nicht?!"... das ist da beim Auer-Verlag erschienen ... Da hab ich so Hypnotherapie mit allen Sinnen ... „das Orchester der Sinne nutzen" habe ich das genannt. ... Da habe ich das mal beschrieben, wie ich mit allen Sinnen da arbeite. Aber für mich ist das stringente hypnosystemische Arbeit ... und es wird viel wirksamer gerade im Prüfungsangstbereich, wenn man den ganzen Körper einbezieht.

I: Ja
E: Wenn man es nicht nur mit Imagination macht.
I: Ja, ja ... gut, ... dann bedanke ich mich erstmal. (41:32)

- Ende des Interviews -

Zeitfracht Medien GmbH
Ferdinand-Jühlke-Straße 7,
99095 - DE, Erfurt
produktsicherheit@zeitfracht.de